David Shipley e Will Schwalbe

# ENVIAR

O guia essencial de como usar o
e-mail com inteligência e elegância

SEXTANTE

Título original: *Send*


TRADUÇÃO: Claudia Guimarães
PREPARO DE ORIGINAIS: Melissa Lopes Leite
REVISÃO: Ana Grillo, Cristhiane Ruiz e Sheila Til
PROJETO GRÁFICO E DIAGRAMAÇÃO: Cacau Mendes | Cereja atelier gráfico
CAPA: Tecnopop
PRÉ-IMPRESSÃO: ô de casa
IMPRESSÃO E ACABAMENTO: Cromosete Gráfica e Editora Ltda.

CIP-BRASIL. CATALOGAÇÃO-NA-FONTE.
SINDICATO NACIONAL DOS EDITORES DE LIVROS, RJ

S56e

Shipley, David, 1963-
Enviar / David Shipley e Will Schwalbe [tradução de Claudia Guimarães]. – Rio de Janeiro: Sextante, 2008.

Tradução de: Send
ISBN 978-85-7542-426-1

1. Mensagens eletrônicas. 2. Comunicação empresarial. 3. Comunicação na administração. I. Schwalbe, Will. II. Título.

CDD: 658.054692
08-3532 CDU: 658.45


GMT Editores Ltda.
Rua Voluntários da Pátria, 45 – Gr. 1.404 – Botafogo
22270-000 – Rio de Janeiro – RJ
Tel.: (21) 2286-9944 – Fax: (21) 2286-9244
E-mail: atendimento@esextante.com.br
www.sextante.com.br

>> **WS:**

*Para David Cheng,*
*Mary Anne e Douglas Schwalbe*
*Em memória de David Baer e Robert H. Chapman*

>> **DS:**

*Para Rosa e Joseph,*
*Joan e John*

# Sumário

# :: INTRODUÇÃO ::

## Por que usamos tão mal o e-mail?

>> Por que nos complicamos tanto com os e-mails? Por que enviamos tantas mensagens eletrônicas que nunca deveríamos sequer ter escrito? Por que as coisas saem do controle com tanta rapidez? Por que as pessoas não se lembram de que o e-mail deixa um registro eletrônico quase permanente? Por que nos esquecemos de compor as mensagens com clareza?

Escrevemos este livro para tentar compreender por que os e-mails têm uma propensão tão grande ao erro e para aprendermos a enviá-los adequadamente. Nossa meta é redigir mensagens tão eficazes que acabem reduzindo o número total de e-mails.

Não nos leve a mal; não odiamos e-mails. Reconhecemos que o e-mail mudou as nossas vidas para melhor sob muitos aspectos. Tudo o que queremos é utilizá-lo bem, antes que as pessoas comecem a desistir dele.

Para início de conversa, o e-mail não existe há tanto tempo assim. Antes de 1971, o símbolo @ era basicamente usado por contadores e comerciantes. A internet oficial só chegou em 1983.

Hoje a realidade é outra. Trilhões de e-mails são enviados a cada semana. Os americanos que trabalham em escritórios gastam pelo menos 25% do dia com e-mails e várias horas nos palmtops. Todos os dados demonstram que o uso do e-mail continua a crescer.

E o que dizer do spam? Em 2001, equivalia a 5% do tráfego total da internet. Hoje, muitas vezes chega a 90%, com um total de 100 bilhões de mensagens comerciais não solicitadas enviadas todos os dias.

Essa nova tecnologia tomou conta do mundo em mais ou menos uma década. Da mesma maneira que as gerações anteriores despenderam esforços para integrar o primeiro telégrafo e, a seguir, o telefone às suas vidas, nós estamos tentando integrar o e-mail às nossas.

Ainda assim, nossas dificuldades com o e-mail não se devem apenas ao fato de ser um meio recente de comunicação. Elas também se originam das suas características únicas – ou da ausência delas.

Se você não der um tom de forma consciente a um e-mail, nenhuma espécie de tom universal padrão será incluído automaticamente. Em vez disso, a mensagem escrita sem preocupação com o tom se transforma numa tela vazia na qual o leitor vai projetar os próprios temores, preconceitos e ansiedades.

O e-mail exige sabermos quem somos em relação à pessoa para quem estamos escrevendo para adequarmos o tom desde o início, embora isso não seja tão simples quanto pareça. Como disse Walt Whitman, cada um de nós contém multidões. Somos chefes e subordinados, pais e filhos, damos bronca e confortamos, encorajamos e desencorajamos, e estamos constantemente trocando de papel, até mesmo enquanto falamos com uma mesma pessoa.

Sim, toda comunicação escrita é mais difícil, nesse aspecto, do que as interações ocorridas cara a cara ou mesmo pelo telefone: não é possível revisar a sua mensagem de acordo com as reações recebidas da outra parte à medida que você escreve. E, nesse caso, dentre todas as mídias escritas, o e-mail é a mais difícil.

Outros tipos de comunicação eletrônica nos fazem tropeçar menos do que o e-mail. Mensagens instantâneas (bate-papo virtual) e de texto (torpedos) chegam bem perto da dinâmica de uma conversa ao vivo, e costumam se dar entre pessoas que já se conhecem. Há nelas um tom relativamente consistente: o de um bate-papo informal.

O e-mail não oferece esse tipo de alternativa porque o usamos tanto para a comunicação informal (marcar encontros com amigos, fazer perguntas para colegas) quanto para a formal (nos candidatar a um emprego, convencer possíveis clientes). As diferenças se perdem e isso pode nos confundir.

Além disso, utilizamos o e-mail com rapidez. Temos de acertar o tom da mensagem inúmeras vezes ao dia, muitas delas sob intensa pressão e para destinatários cujas necessidades, atitudes e humores estão em constante mutação.

Para complicar, a velocidade do e-mail não só nos ajuda a perder a calma como nos incita a isso. Nos e-mails, as pessoas podem não parecer elas próprias: ficam mais irritadiças, menos solidárias, menos cientes das coisas, se magoam com mais facilidade e tornam-se ainda mais fofoqueiras e traiçoeiras. O e-mail parece encorajar o que há de pior em nós.

E há uma razão para isso. Numa conversa cara a cara (ou por telefone), o cérebro monitora constantemente as reações da pessoa com quem estamos falando. Percebemos do que ela gosta e do que não gosta. O e-mail, por sua vez, não nos proporciona feedback em tempo real. Mas a tecnologia de alguma maneira nos tranqüiliza e nos faz acreditar que tal canal existe.

Os e-mails aumentaram muito a quantidade de escrita esperada de nós, mesmo daqueles cujos empregos não exigiam grande habilidade para redigir. Como resultado, todos reclamamos da grande quantidade de e-mails que recebemos, mas o que costuma se destacar é a *qualidade* das mensagens que trocamos.

Afinal, o que podemos fazer para usar melhor o e-mail?

No mínimo, é útil reconhecer que temos um problema generalizado com e-mails. Durante muitos anos, nos contentamos em permitir que as dúvidas e os problemas se acumulassem sem fazer muito a respeito. A julgar pela nossa experiência recente (pelas discussões que tivemos e pelas "histórias de horror" que ouvimos), concluímos que chegou a hora de aprender a usar o e-mail com mais atenção e habilidade.

Nas páginas a seguir você vai descobrir como podemos evitar os desastres do e-mail e começar a usar essa poderosa ferramenta da comunicação para obter o que se quer, no trabalho e na vida pessoal.

**Para:** O Leitor
**De:** Shipley e Schwalbe
**Assunto:** O primeiro capítulo: Quando enviar um e-mail?

Vamos começar.

**Os oito pecados capitais do e-mail**

1. O e-mail incrivelmente vago ("Lembre-se de fazer aquele negócio.")
2. O e-mail que o insulta de tal forma que você se levanta da cadeira. ("COMO VOCÊ PÔDE DEIXAR DE FAZER AQUELE NEGÓCIO?!!!!!!")
3. O e-mail que causa problemas com a justiça. ("Por favor, diga a eles que eu pedi para vender aquele negócio quando batesse os 70 dólares.")
4. O e-mail covarde. ("O negócio é o seguinte: você está demitido.")
5. O e-mail que não vai a lugar algum. ("Re: Re: Re: Re: Re: Re: Re: aquele negócio.")
6. O e-mail que é tão sarcástico que o deixa sem ação. ("Você se saiu bem naquele negócio. *Muito* bem.")
7. O e-mail informal demais. ("E aí? Quais as novas no negócio do emprego?")
8. O e-mail inadequado. ("Vamos discutir aquele negócio no meu quarto de hotel?")

## :: CAPÍTULO 1 ::

# Quando enviar um e-mail?

>> Você carregaria um violino numa capa úmida? Embrulharia o presente do 25º aniversário de casamento em papel de seda usado? Enviaria pelo correio taças de vinho num saco de supermercado?

A maneira *como* você envia alguma coisa pode ter um profundo impacto sobre o *que* está enviando. O método de envio carrega, em si, uma mensagem própria.

Aqui está uma mensagem de texto enviada para o celular da funcionária de uma loja de roupas no País de Gales:

Analisamos o seu desempenho de vendas e ele foi insuficiente. Como resultado, não precisamos mais dos seus serviços. Grato.

Uma tendência começa a se revelar. Uma loja de aparelhos eletrônicos fez o mesmo recentemente, avisando a 400 funcionários, via e-mail, que estavam sendo demitidos.

Nosso quadro de funcionários sofreu uma redução. Infelizmente, o seu cargo é um dos que foram eliminados.

Quanta gentileza.

Precisamos lembrar que não é pelo fato de termos acesso ao e-mail que devemos usá-lo para tudo. Por causa da velocidade e da aparente urgência das novas formas de comunicação, muita gente simplesmente lança mão da primeira coisa disponível. Ou, então, cai na armadilha das trocas "olho por olho": se recebe um e-mail, responde por e-mail; se recebe uma carta, sente-se na obrigação de responder por carta. Podemos fazer melhor do que isso. Na verdade, trata-se de parar e pensar nos prós e contras de cada forma de comunicação antes de se decidir por uma delas.

No entanto, escolher a mídia mais apropriada para determinado tipo de mensagem não é tarefa fácil. Quando devemos usar o e-mail? Quando é mais eficaz enviar um torpedo? E o que dizer de uma carta ou do telefone? (Lembra-se deles?) Ou, até mesmo, de uma visitinha em pessoa? Ou, ainda, a opção que parece ser uma das mais eficazes e a menos usada: simplesmente não fazer nada.

## Jogo dos quartetos

Escolha um item de cada coluna. Quais deles ficam bem juntos? Tente misturar e combinar:

| | | | |
|---|---|---|---|
| E-mail | Chefe | Informal | Pedido |
| Torpedo | Amigo | Urgente | Solicitação |
| Carta | Colega | Rotineiro | Agradecimento |
| Telefone | Assistente | Inesperado | Crítica |
| Fax | Mentor | Emotivo | Desculpas |

Não é algo tão objetivo assim, é? Você envia um torpedo com um agradecimento rotineiro para um amigo? Ou telefona? Você envia um fax para um colega com uma crítica inesperada? Ou um e-mail funcionaria para todas as opções anteriores? Para encontrar o caminho até a melhor decisão, você precisa compreender melhor as tecnologias de comunicação disponíveis. Vamos começar pelos pontos positivos e negativos daquele que nós mais usamos e menos compreendemos.

## O e-mail

### Sete grandes motivos pelos quais amamos o e-mail

1. *O e-mail é a melhor mídia para trocar informações essenciais.* A que horas é o filme? Onde fica o restaurante? Quem vai à reunião?

Antes do e-mail, qualquer uma dessas perguntas teria exigido pelo menos um telefonema. Se a sua chamada não acabasse na secretária eletrônica e você conseguisse falar com quem desejava, a etiqueta exigiria uma troca de informações muito mais longa do que a simples resposta para uma pergunta.

Culpa-se o e-mail pela morte da carta, o que é injusto. O e-mail é o culpado pela morte do telefonema inútil. (Aliás, foi o telefone que matou a carta.)

Quando Will era editor chefe no início da década de 1990, costumava receber de 50 a 60 telefonemas por dia – e nenhum e-mail. Quase 20 anos depois, trabalhando numa outra editora, recebia apenas de 10 a 15 telefonemas por dia. Muito do que costumava exigir um telefonema agora pode ser resolvido de maneira mais eficaz: com um e-mail.

E não é só isso!

2. ***É possível entrar em contato com quase qualquer um por e-mail – e não só com contatos profissionais.*** Recentemente, Duncan Watts, sociólogo da Universidade de Colúmbia, nos Estados Unidos, refez o famoso estudo dos seis graus de separação, dessa vez para o e-mail, demonstrando que todo indivíduo está relacionado a um outro qualquer por meio de uma corrente de

não mais do que seis pessoas. Watts pediu aos participantes do estudo que fizessem chegar uma mensagem de e-mail a alguém que não conheciam: um professor de uma faculdade americana, um bibliotecário da Estônia, um consultor em tecnologia da Índia, um policial da Austrália e um veterinário do Exército norueguês. Mas a pessoa só podia encaminhar a mensagem para conhecidos. Resultado: em média, as mensagens encaminhadas atingiram seu alvo com apenas quatro envios.

Outro benefício claro é poder fazer a sua mensagem chegar a meia dúzia ou mil pessoas com a mesma facilidade e de maneira tão econômica quanto a uma pessoa só. E a maioria dos endereços de e-mail pode ser descoberta com facilidade.

3. *Fuso horário não é um problema para os e-mails – trata-se de uma maneira eficiente e econômica de se comunicar com pessoas de todo o mundo.* Você pode escrever um e-mail a qualquer hora do dia ou da noite e enviá-lo no instante em que o terminar ou programá-lo para ser enviado dali a horas ou dias.

4. *Os e-mails podem ser gravados e sofrer buscas.* Mesmo que você dê um telefonema eficiente, ele não ficará registrado. Você vai confiar nas anotações da outra pessoa?

5. *O e-mail permite que você componha a sua mensagem sob as suas condições e no seu próprio tempo.* Ao contrário de uma conversa, o e-mail lhe dá tempo para pensar no que você deseja dizer.

6. *Você tem a escolha de manter partes ou toda uma série de e-mails preexistentes.* Isso lhe permite mencionar algo de uma conversa anterior, atualizar qualquer um que entre posteriormente na discussão ou, sem que ninguém saiba, eliminar partes irrelevantes ou inadequadas da correspondência.

7. *O e-mail lhe permite anexar e incluir informações que o destinatário poderá recuperar quando desejar.* Isso significa acesso imediato a mapas, fotografias, diagramas, planilhas, links e outros documentos.

### Um resumo da história do e-mail

No início da década de 1960, o Pentágono precisava reunir, com mais eficiência, a capacidade de todos os seus computadores. (Para reagir a coisas como, digamos, um ataque de mísseis soviéticos.) Para tanto, pediu à DARPA, Agência do Departamento de Defesa para Projetos de Pesquisa Avançada, para construir a primeira rede de computadores do mundo. O projeto, batizado de ARPANET, ligou a Universidade da Califórnia à de Stanford no dia 29 de outubro de 1969. A primeira mensagem enviada por essa rede foi "LO" (teria sido "LOGIN" se o computador não tivesse pifado).

O primeiro e-mail do mundo – uma mensagem curta trocada entre dois computadores da ARPANET – foi enviado dois anos depois, em 1971. A essa altura, todos os usuários de um computador ARPANET tinham uma "caixa de correio" rudimentar. Ray Tomlinson, cientista da computação de Cambridge, Massachusetts, inventou um endereço simples para mensagens enviadas de um usuário para o outro, usando a conta do usuário e o nome do computador, separados pelo símbolo @. A primeira mensagem enviada por ele foi um tanto singular: os computadores estavam na mesma sala e Tomlinson era ao mesmo tempo o remetente e o destinatário, então nem se deu o trabalho de redigir uma declaração sentimental ou de grandeza histórica.

Inicialmente, a rede física da ARPANET consistia em algumas conexões de longa distância entre as costas leste e oeste dos Estados Unidos. Mas ela cresceu e, em 1983, foi dividida nos ramos militar e civil. (O ramo militar passou a ser chamado de MILNET; o civil ficou com a ARPANET.)

Quando foi divulgada, a ARPANET não era mais a única rede civil disponível. Grupos de pesquisa e organizações haviam começado a criar redes de computadores próprias que logo começariam a se fundir à ARPANET para formar os primórdios da internet.

Para que essa integração ocorresse, no entanto, os computadores dessas diferentes redes precisavam se comunicar. Era necessário um protocolo simples e eficiente para o envio de informações. Assim, entrou na história o TCP/IP, criado em 1974, mas não adotado pela ARPANET e por outras redes até 1º de janeiro de 1983. Hoje, quase 25 anos depois, o TCP/IP ainda é o protocolo padrão da internet. O IP (ou protocolo da internet) lida com endereços, ao passo que o TCP (protocolo de controle de transmissão) regula a maneira como as mensagens são divididas e enviadas.

Uma vez estabelecidas as regras, serviços concorrentes começaram a pipocar por todos os lados, e as empresas de telecomunicações entraram na briga. Em 1983, a MCI lançou o MCI Mail, que cobrava dos assinantes 45 centavos de dólar para enviar uma mensagem com até 500 caracteres. (O serviço tinha uma característica especial: a MCI ligava para o usuário quando chegava uma nova mensagem eletrônica.) A CompuServe entrou no jogo, assim como a America Online que, sábia e lucrativamente, se posicionou como um serviço para pessoas que não tinham intimidade com computadores. A Lotus, a Microsoft e outras incluíram no mercado produtos para simplificar o uso do e-mail por todos os funcionários de uma empresa. E, de repente, e-mails não eram mais coisa do outro mundo.

## Oito motivos para você não querer usar o e-mail

As vantagens do e-mail podem ser, também, as suas debilidades. Não há como ter certeza de que o e-mail é a forma mais apropriada para uma mensagem até considerarmos todos os seus riscos e limitações.

1. *A facilidade do e-mail estimula trocas desnecessárias.* Por ser fácil fazer trocas curtas por e-mails, as pessoas acabam extrapolando. Fazem perguntas quando, na verdade, não precisam de respostas (ou quando poderiam descobrir sozinhas). Também enviam informações que não precisam ser enviadas e estendem conversas muito além de sua data de validade.

Isso não quer dizer que sejamos contra *todas* as trocas desnecessárias. Um encontro casual, quer pessoalmente ou por e-mail, pode criar laços e, algumas vezes, até mesmo levá-lo a informações que podem se mostrar úteis mais tarde.

**>> Dica: Se você não pára no escritório de um colega a cada 10 minutos para bater papo, também não vai querer lhe enviar um e-mail banal 30 vezes ao dia.**

2. *O e-mail substituiu, em grande parte, o telefonema, mas nem todo telefonema deve ser substituído.* Como o e-mail fica suspenso no tempo e no espaço, pode ser uma ferramenta ineficaz para obter algum tipo de acordo, encontrar um meio-termo ou chegar a uma conclusão.

**>> Dica: Passar emoção, lidar com uma situação delicada, estudar o terreno, todos esses desafios costumam ficar mais fáceis quando mediados pela voz humana.**

3. ***Você pode entrar em contato com todo mundo, mas, também, todo mundo pode entrar em contato com você.*** Muita gente que parecia estar fora do nosso alcance se encontra, em teoria, acessível nos dias de hoje. Muitos presidentes de empresa lêem os próprios e-mails sem um crivo anterior, ao passo que uma carta de conteúdo desconhecido e inadequado teria pouca chance de ir além de um assistente. Todos recebemos vários e-mails, todos os dias, de gente que não conhecemos, gente para quem nunca demos o nosso e-mail pessoal, simplesmente porque esses indivíduos encontraram o caminho até as nossas caixas de entrada combinando nome, sobrenome e nome da empresa... ou buscando na internet.

Essa uniformização hierárquica tem um apelo igualitário, mas também confunde ao gerar uma ausência de formalidade que é, com freqüência, mal empregada. Se você fosse, digamos, um funcionário novo do RH, nem sonharia em entrar na sala do presidente com uma queixa de pouca importância. Se fosse estudante, nem pensaria em ligar para um professor no meio da noite com uma pergunta sobre um trabalho que não fez porque estava de ressaca. E se fosse fazer uma apresentação fora do país, se informaria da etiqueta e das regras locais antes de ir para lá.

O e-mail é, ao mesmo tempo, tão íntimo e tão simples que torna atos pouco sábios mais suscetíveis: uma vez que você tenha o endereço de uma determinada pessoa, pode contatá-la a qualquer hora do dia ou da noite. Esse acesso, antes inimaginável, obscurece a nossa capacidade de discernir quem somos em relação à pessoa para quem estamos escrevendo. Com isso, as pessoas fazem pedidos descabidos que podem prejudicar relacionamentos e atrapalhar carreiras.

Pessoas em cargos de alto nível viram evaporar, com o advento do e-mail, o divisor de respeito hierárquico que um dia existiu entre elas e os subordinados. Mensagens com saudações do tipo "E aí, reitor?" ou "Qual é, diretor?" escritas por desconhecidos são freqüentes. Desde que o e-mail entrou em cena, há gente que acredita, erroneamente, que as regras mudaram com relação a um tratamento mais familiar, que o jogo mudou por se tratar de uma mídia diferente.

O problema está em separar o que é intimidade *legítima* de *excesso* de intimidade. O campo Assunto ou o nome do remetente pode, às vezes, indicar quais e-mails você quer ler primeiro, quais podem esperar ou quais vão deixá-lo irritado. Mas isso não é infalível. Até mesmo programas que oferecem a visualização da mensagem sem que você precise abri-la em outra tela só lhe economizam um clique – você ainda precisa ler a mensagem.

Para aqueles com o luxo de ter um assistente, o e-mail apresenta outro problema. São tantas as mensagens confidenciais, que muitas empresas proíbem os executivos de permitir que outros acessem as suas contas de e-mail. Pessoas superocupadas se vêem diante da escolha de percorrer uma extensa caixa de entrada todos os dias ou desobedecer as regras e confiar a privacidade (sem falar do poder de enviar e-mail sob seu nome) a outra pessoa. Durante o Fórum Econômico Mundial de Davos, na Suíça, em 2006, um dos assuntos que mais inflamou o debate entre líderes mundiais foi este: permitir ou não à equipe de assessores o gerenciamento das caixas de correio eletrônico.

Uma pesquisa on-line realizada em 2002 pela Associação Internacional de Profissionais de Administração e pelo ePolicy Institute descobriu que 43% dos assistentes administrativos escrevem e enviam e-mails sob o nome do chefe, e 29% têm permissão para apagar mensagens antes de serem lidas pelos superiores.

Bill Gates tem um programa que diminui a quantidade de e-mails que ele tem de administrar: reduziu de milhares por dia para aproximadamente 100, deixando passar apenas as mensagens enviadas por pessoas com quem ele já se correspondeu. O restante vai para assistentes que, então, as classificam e resumem.

>> **Dica: Não adote um tom de intimidade instantânea nas mensagens que envia. Quanto às que recebe, experimente o uso de filtros. Mas lembre-se de que os filtros atuais em geral são imprecisos ou excessivamente restritivos. Até surgirem filtros mais inteligentes no mercado, pense duas vezes antes de sair distribuindo o seu endereço de e-mail.**

4. ***Se o e-mail desafia fusos horários, também pode desafiar o decoro.*** Ele pode chegar quando você está tentando terminar um projeto, exatamente quando o que menos quer é outra tarefa. Conforme salientou Clive Thompson na *The New York Times Magazine*, é freqüente não sabermos se vale a pena ler um e-mail até lê-lo de fato; ler exige tempo e atenção, e a interrupção pode diminuir a sua produtividade. Depois que um funcionário pára, costuma levar cerca de meia hora para voltar à tarefa original – supondo que ele *volte* à tarefa original. De acordo com os pesquisadores citados por Thompson, 40% dos funcionários passaram para uma tarefa completamente diferente após sofrerem uma interrupção, deixando a anterior de lado, negligenciada e pela metade.

>> **Dica: Não se esqueça de que todo e-mail é uma interrupção. Se o assunto não for urgente, uma carta pode ser menos invasiva.**

5. ***O fato de o e-mail deixar rastros pode fazer você ser responsabilizado pela sua correspondência eletrônica.*** Não só tudo aquilo que você enviou como também tudo o que você recebeu pode ser usado contra você um dia. (Veja mais sobre isso no Capítulo 6.) Para aqueles que adoram repetir "Eu avisei", o e-mail é a invenção mais gratificante da história: eles agora podem atirar as suas palavras de volta na sua cara. O e-mail também é uma ótima maneira de passar a bola adiante, e, para aqueles

cujo primeiro instinto é tirar o corpo da reta, o e-mail proporciona inúmeras oportunidades de entrar na reta sem querer. Quantos de nós já recebemos mensagens que ocultam, no meio de um blablablá aparentemente irrelevante, uma informação bombástica? (Por exemplo: "O carregamento vai atrasar", "parece que estouramos o orçamento", ou "só queria avisar que o cara do banco ligou".) E quando a bomba explode, a culpa é sua. Afinal de contas, existem provas de que você foi avisado e que teve tempo suficiente para agir. E existe um registro em e-mail para prová-lo.

**>> Dica: Se você trabalha com cobras, observe os e-mails delas como uma águia.**

6. *Para o bem e para o mal, é muito fácil encaminhar um e-mail.* Lembre-se de que a sua mensagem pode ser enviada para as pessoas erradas. É claro que isso também pode ser feito via correio. Alguém pode fazer uma fotocópia de uma carta que coloque você numa situação pouco favorável e enviá-la para terceiros, mas ele ou ela ficaria numa posição tão ruim quanto a sua – o empenho necessário realça a maldade existente por trás da ação, ao passo que a facilidade do e-mail, de alguma maneira, a oculta.

**>> Dica: Jamais encaminhe qualquer coisa sem permissão e sempre parta do princípio de que tudo aquilo que você escrever será encaminhado.**

7. *As palavras que você escreveu por e-mail podem ser alteradas.* E-mails encaminhados podem ser editados de maneira invisível e sem que você fique sabendo. Mesmo que o seu e-mail encaminhado permaneça intocado, o contexto e o significado podem ser mudados se a parte da mensagem que você respondia for alterada ou omitida.

>> **Dica: Se tiver de enviar um documento via e-mail e não quiser que as suas palavras sejam alteradas, envie-o em pdf (ver página 71) ou em outro formato difícil de ser mexido.**

8. *E-mails com anexos podem vir com mais do que se deseja.* Além de ocuparem um espaço valioso em servidores e computadores, eles podem conter vírus. Se alguém lhe enviar uma mensagem com 100 arquivos de imagem (ver páginas 71-72), ela poderá ocupar todo o espaço que lhe foi dado no servidor da empresa e impedi-lo de enviar e de receber novos e-mails até você apagá-la – algo que talvez não possa fazer se estiver fora do escritório.

Um aviso sobre anexos em Word: eles podem ter o comando Controlar Alterações ativado (uma função que mostra todas as edições feitas no documento). Se você não quiser que as pessoas vejam o histórico do que foi alterado, certifique-se de que as alterações foram aceitas e não sejam mais visíveis. De outra maneira, pode haver motivo para constrangimentos.

>> **Dica: Antes de enviar um e-mail carregado de anexos, preste atenção no conteúdo do que está enviando e evite estourar a caixa de entrada do destinatário.**

## Algumas palavras sobre o palmtop

A essa altura, já sabemos que os e-mails não chegam apenas à sua mesa de trabalho. Também descobrimos que o BlackBerry e seus similares podem transformar funcionários em servos, ligados ao e-mail 24 horas ao dia, sete dias por semana. E a tentação de verificar se novas mensagens foram recebidas (ou a exigência de que você o faça) vai deixá-lo eternamente preso ao trabalho.

Como digitar com um só dedo faz as pessoas soarem menos cultas e mais ríspidas, os palmtops nem sempre são a melhor escolha na hora de enviar uma mensagem, embora usar a frase "Enviado de um palmtop" no corpo do e-mail possa contribuir para que as suas transgressões sejam perdoadas. E as limitações do e-mail, como o fato de não servir para mensagens complexas e emotivas, tornam-se ainda mais pronunciadas quando você compõe ou lê mensagens na telinha minúscula de um palmtop.

Erros de digitação cometidos nos palmtops são bem tolerados. Um estudo veiculado na revista *Psychology Today* analisou a diminuição da velocidade de leitura associada aos diferentes tipos de erros ortográficos. Quando há troca de letras no meio de palavras que contêm cinco ou mais letras, há apenas uma diminuição de 11% na velocidade de leitura. Quando a troca ocorre no início ou no fim das palavras, a diminuição é de 36% e 26%, respectivamente. Isso significa que erros de digitação ocorridos no meio da palavra, do tipo que normalmente se vê em mensagens escritas em palmtops, não são tão relevantes.

Para compreender o que queremos dizer, experimente ler este texto que andou circulando na internet:

> De aorcdo com uma peqsiusa de uma uinrvesiddae ignlsea, não ipomtra em qaul odrem as lteras de uma plravaa esetajm. A úcnia csioa iprotmatne é que a piremria e a útmlia lteras etejasm no lgaur crteo. O rseto pdoe ser uma bçguana ttaol, que vcoê anida pdoe ler sem pobrlmea. Isso poqrue nós não lmeos cdaa ltera isladoa, mas a plravaa cmoo um tdoo.

A tecnologia dos palmtops ainda deixa a desejar na hora de lidar com alguns anexos e documentos muito grandes. Por isso, uma cortesia importante a observar ao enviar um anexo para alguém que possa estar usando um palmtop é mandar um resumo do conteúdo dos arquivos e avisar da urgência (ou não) com a qual o destinatário precisa analisá-los. O ideal é usar o campo Assunto para descrever a mensagem em poucas palavras.

Existem três tipos principais de gerenciadores de e-mails em palmtops: os que automaticamente "empurram" e-mails novos para a tela tão logo sejam recebidos, os que buscam e-mails de acordo com um intervalo programável (digamos, a cada 10 minutos) e os que fazem com que você tenha que dar a ordem para baixar as novas mensagens. Os dois primeiros são mais rápidos e mais eficientes; o terceiro, mais trabalhoso, é indicado para viciados em processo de recuperação que estão tentando se livrar do hábito de verificar a caixa de entrada a cada 10 segundos.

Há muitas queixas sobre o uso indevido dos palmtops (pessoas que verificam mensagens durante o jantar, nas férias, no cinema, em reuniões, no parque com os filhos). Mas verificar mensagens num palmtop não é muito diferente de qualquer outro tipo de comportamento que demonstre que você não está dando atenção àqueles ao seu redor. Nossa sugestão: peça às pessoas mais próximas que lhe digam se o uso do palmtop está incomodando. Em caso de dúvida, pare. Para outras discussões a esse respeito, ver páginas 176-180.

## Como funciona o e-mail?

A internet é uma rede de nós (em sua maioria, servidores, roteadores e switches) que conecta computadores. Ela transporta dados, incluindo a World Wide Web, mensagens instantâneas e e-mails. Os dados viajam entre os nós de muitas formas: via cabos de fibra óptica, sinais sem fio (wireless), fios de cobre ou conexões de satélite e de rádio.

Quando você clica em Enviar no seu programa de e-mail, sua mensagem é dividida em pacotes. Estes são individualmente rotulados com o endereço do destinatário e com a parte da mensagem que o pacote contém (ex.: "bytes de 1 a 500").

O endereço, ou nome do domínio, é estruturado hierarquicamente, como um endereço postal. Leia o endereço começando pelo fim, e você encontrará as divisões mais gerais da internet, os domínios de alto nível: *.com*, *.edu*, *.net*, *.gov*, e também os indicadores do país de origem, como *.br* e *.uk*. O domínio de alto nível é precedido pelo nome da organização e pelo nome do roteador que serve a um dado departamento ou divisão. Os nomes de domínio correspondem a endereços numéricos, por exemplo, 123.28.102.35. Cada número no endereço pode possuir um valor entre 0 e 255. Os roteadores se comunicam usando o endereço numérico.

O Simple Mail Transfer Protocol, SMTP ou Servidor de Envio de Mensagens, é o protocolo que regula a comunicação de endereços entre servidores. Se a mensagem enviada contiver apenas texto, o SMTP também vai gerenciar a transferência do texto da mensagem.

O Multipurpose Internet Mail Extensions, MIME, é uma forma um pouco mais avançada de e-mail, criada para gerenciar as mensagens que o SMTP não pode transmitir, como as que não usam caracteres padrão, símbolos e números. O MIME também gerencia anexos. Praticamente todos os e-mails e programas de webmail usam esses dois formatos para enviar mensagens pela internet.

Para a maioria de nós, são três os tipos de sistemas de e-mail: e-mail local, e-mail hospedado e webmail. Um servidor de e-mail local (também chamado de Local Area Network Mail ou LAN Mail) consiste em um servidor que gerencia o e-mail unicamente para uma empresa. E-mails hospedados funcionam da mesma maneira, mas o servidor é hospedado em outro local por um provedor. O webmail pode ser um componente dos servidores locais e hospedados e também é o sistema usado, por exemplo, pelo Hotmail e pelo Yahoo.

O POP (Post Office Protocol, ou protocolo de correio) e o IMAP (Internet Message Access Protocol, ou protocolo de acesso a mensagens de internet), são os dois principais modos de organizar servidores de correio local e hospedado. Os usuários, às vezes, têm a opção de escolher qual protocolo o e-mail vai usar. Servidores POP podem ser configurados de modo que as mensagens baixadas do servidor fiquem armazenadas apenas no seu computador ou também no servidor de correio.

O IMAP é um protocolo mais recente que armazena todas as mensagens no servidor. Ele é, na maioria das vezes, usado por grandes organizações. As mensagens em servidores IMAP chegam um pouco mais rápido do que em servidores POP, e há maneiras de baixar mensagens IMAP para o seu computador. No entanto, o IMAP é mais útil em situações nas quais os usuários ficam a maior parte do tempo conectados ao servidor. O POP ainda é o protocolo mais utilizado.

## Alternativas ao e-mail

Não é por termos e-mail que devemos usá-lo para tudo. Há diversas outras formas de comunicação às quais recorrer. Aprenda quando dispor delas e por quê.

### A carta

Um estudo realizado em 2006 pesquisou os hábitos de correspondência de 1.400 pessoas que trabalhavam em escritórios. Embora 75% dos entrevistados tenham respondido que não poderiam viver sem e-mail, 33% relataram ainda enviar cartas e faxes todos os dias. Não se trata, apenas, de nostalgia. A carta possui algumas virtudes práticas que não encontramos no e-mail.

Cartas não são interrupções. Podemos entrar na sala de correspondência da empresa quando quisermos, tirar as cartas que abarrotam a caixa de correio e abri-las quando bem entendermos.

Ao examinarmos o envelope, o remetente, a caligrafia e o selo, muitas vezes podemos ter uma idéia do que se trata, saber se precisamos abri-lo imediatamente ou não. Também sabemos que alguém teve trabalho para enviar a correspondência. O valor de uma carta, quer seja um bilhete de agradecimento, um pedido de desculpas ou condolências, excede facilmente o do mais efusivo e-mail. Um bilhete escrito à mão o torna pessoal; uma carta batida à máquina em papel timbrado a torna oficial. Essas particularidades não podem ser transmitidas por e-mail.

Gostamos de cartas, acima de tudo, porque podemos desistir de enviá-las. Uma carta só passa a existir de fato depois de chegar ao correio.

### Seis motivos para enviar uma carta em vez de um e-mail

1. Quando você precisa de um documento que possa ser arquivado (num arquivo físico), guardado em pastas (o papel pode durar séculos; ninguém sabe qual é a duração de um arquivo eletrônico), ou emoldurado.
2. Quando você quer criar algo que o destinatário possa sentir mais prazer em receber, como uma carta de amor.
3. Quando você não quer interromper alguém.
4. Quando você quer apresentar e discutir assuntos complexos.
5. Quando o assunto é realmente sério: uma carta registrada, uma intimação judicial, um memorando com a política da empresa.
6. Quando o material é tão confidencial que você não pode correr o risco de que vá parar, com um mero clique sobre o comando "Encaminhar", nas mãos de terceiros.

## O fax

Muitas pessoas previram, erroneamente, que o e-mail eliminaria o aparelho de fax. Até mesmo a pioneira HP o retirou do mercado achando que ele não tinha futuro e retornou alguns anos mais tarde, quando a tecnologia se mostrou resiliente.

As vendas de aparelhos de fax permanecem constantes. Isso não significa que o envio de faxes ocorra indiscriminadamente, como acontecia quando as máquinas atingiram o seu auge, e sim que as pessoas e as empresas descobriram exatamente quando devem usar o fax.

## Três motivos para enviar um fax em vez de um e-mail

1. O fax pode incluir o que é considerada uma cópia autêntica de uma assinatura de verdade e, em muitos casos, pode ter valor legal. Isso lhe permite fazer coisas que não poderia com igual facilidade usando o e-mail, como assinar um contrato ou trocar assinaturas para fechar um negócio.
2. É possível enviar originais importantes rapidamente. Se você desejar enviar os mesmos por e-mail, precisa antes escaneá-los para o computador e, no tempo que levaria para fazer isso, já poderia tê-los enviado por fax.
3. É mais seguro. Uma vez anexado a um e-mail, um documento pode ser facilmente enviado para qualquer lugar. Isso é menos provável de acontecer se você enviar uma cópia por fax para uma só pessoa, *embora precise se lembrar de que os aparelhos de fax costumam ficar em áreas de uso coletivo*. Nós dois compartilhamos aparelhos com outras pessoas e freqüentemente não resistimos a dar uma espiada nos faxes dispostos na caixa de entrada. Além disso, não é raro um fax ser pego, sem querer, no meio de outros e ficar extraviado. É por isso que sempre vale a pena avisar o destinatário quando houver um fax a caminho, e, se você estiver esperando por um, busque-o assim que puder.

E lembre-se: alguns programas permitem que você transmita um e-mail de maneira que ele saia no aparelho de fax de alguém, ou que você receba como e-mail um documento originariamente enviado via fax.

## O telefone

Não nos achamos velhos, mas nos lembramos do tempo em que o telefone era importante. Ficar ao telefone conversando sobre o clima ou sobre o que íamos vestir para ir à escola era pedir para levarmos uma bronca. E não dava para telefonar sempre que se quisesse. Na década de 1970, Will teve de esperar horas, certa noite em Londres, para uma telefonista ligar de volta com uma linha internacional disponível. Na década de 1980, David guardava a noite de domingo para dar o telefonema semanal para os pais, que viviam do outro lado do país.

Embora hoje não achemos nada de extraordinário na comunicação telefônica nítida e fácil, ainda é possível sentir prazer e certa nostalgia em conversar com alguém por telefone. Existe algo de íntimo num telefonema. Ao contrário do e-mail, o telefonema ocorre ao vivo. Você interage em tempo real. É a diferença entre uma peça de teatro e um filme.

Faça um teste. Ligue para um amigo e diga: "Estou chateado com você" num tom que dê a entender que você não está, um tom que você usaria se a frase a seguir fosse algo como: "Você não me contou sobre a sua promoção." A seguir, pergunte ao seu amigo se ele achou que você estava, de fato, chateado. A resposta, provavelmente, será não. Agora, imagine o que teria acontecido se você tivesse enviado para o mesmo amigo um e-mail dizendo: "Estou chateado com você."

A voz é um instrumento muito sutil e pode transmitir não apenas emoções extremas, mas todo tipo de nuance.

Robin Mamlet, ex-diretora de admissão da Universidade de Stanford e atualmente recrutadora de executivos, nunca usa o e-mail para checar referências, pelo seguinte motivo: no telefone, uma pausa ou tensão na voz em resposta a uma pergunta sobre hábitos no trabalho pode, às vezes, insinuar uma resposta mais complicada do que a que está sendo dada. Se Robin perceber hesitação, pode forçar um pouco e, de repente, conseguir a história completa. Por outro lado, nem sempre a resposta por e-mail lhe dá as pistas de que precisa para prosseguir.

Diferentemente do e-mail, o telefone nos dá a oportunidade de mudar o rumo. Se, durante um telefonema, você sentir que a conversa não está indo bem – talvez aquela piada não tenha sido tão engraçada assim; talvez aquela tática não tenha sido tão brilhante –, tem tempo e espaço para desviar o curso e encontrar um caminho melhor.

Outro dia, Will se viu no estágio inicial de uma guerra de e-mails com um colega de trabalho. As partes começavam a se distanciar, mais preocupadas em marcar pontos do que em resolver o problema. Quando um e-mail especialmente inflamado chegou, Will ficou compondo e recompondo respostas que iam do razoável ao sarcástico, da raiva à frieza absoluta. Depois de uma hora, percebeu que não só havia desperdiçado boa parte do dia como nenhuma das respostas que havia considerado, nem mesmo a mais educada delas, ajudaria a resolver o assunto. O grande poupador de tempo havia se transformado no grande usurpador de tempo. A única esperança de solucionar o impasse era um telefonema. Will telefonou e o conflito se resolveu.

Por que as pessoas recorrem ao e-mail quando sabem que deveriam usar o telefone? Talvez seja porque telefonar pode ser mais trabalhoso – há números para se buscar, secretárias eletrônicas infernais a enfrentar, o pavor de pegar alguém num momento ruim, ou alguém que fale demais... ou, então, porque, quando a notícia é ruim, o telefone exige coragem (a não ser que você escolha o caminho mais covarde e ligue na hora em que sabe que a sua ligação vai cair na secretária eletrônica). Qualquer que seja o motivo, existem algumas coisas que a invenção de 130 anos de Graham Bell ainda faz melhor.

## Sete motivos para usar o telefone em vez do e-mail

1. Quando você precisa expressar ou distinguir emoções.
2. Quando precisa encerrar o assunto. Sessenta e sete e-mails foram trocados e você ainda não marcou aquela reunião? Com três telefonemas está tudo resolvido. (Data, horário, lugar, lista de participantes, quem vai almoçar o quê.)
3. Quando você tem pressa. Mesmo correndo o risco de se deparar com secretárias eletrônicas, ainda assim o telefone é mais rápido e mais confiável do que qualquer outra coisa.
4. Quando você quer que uma comunicação à distância seja privada. (A não ser que a conversa seja gravada ou que você esteja falando aos berros num local público.)
5. Quando você precisa encontrar uma pessoa que não tem endereço de e-mail ou não verifica as mensagens com freqüência.
6. Quando você quer o envolvimento e a resposta imediata de uma pessoa. O fato de podermos falar ao mesmo tempo e interrompermos uns aos outros significa que podemos nos comunicar da mesma forma que fazemos cara a cara. O telefone permite que nossas palavras e idéias se sobreponham, se misturem e se amplifiquem. Mensagens instantâneas e torpedos reproduzem isso, embora não sejam a mesma coisa.
7. Quando você precisa enviar um e-mail muito duro, pode amortecer o golpe ligando de antemão com um aviso. ("Eu só queria que soubesse que vou lhe enviar um e-mail oficial para dizer que a sua proposta não foi aceita. Dou muito valor ao nosso relacionamento e espero que possamos conversar amanhã, depois que você o tiver lido.")

## Torpedos (SMS) e mensagens instantâneas

Nesse quesito, a tecnologia está avançando mais rapidamente do que a publicação de livros. É possível que, até você pegar este livro para ler, as tecnologias que discutimos já estejam desatualizadas, obsoletas ou modernizadas a ponto de ficarem irreconhecíveis.

Quando você envia mensagens de texto, ou torpedos, como nos exemplos a seguir, está mandando uma mensagem escrita por meio do telefone. Quando envia uma mensagem instantânea (em programas do tipo MSN), como no exemplo da página seguinte, está se comunicando em tempo real com um contato ou uma comunidade preexistentes, on-line. Ambas são formas de correio eletrônico.

| De: Carla<br>Kd vc, Daniel? | De: Daniel<br>Indo pra Zona Sul, e vc? |
|---|---|

De acordo com a Associação da Indústria de Telecomunicações Celulares, com sede em Washington, os americanos enviaram, aproximadamente, sete mensagens de texto por mês em 2002. Em junho de 2005, esse número havia subido para 38 mensagens ao mês. (A revista *The Economist* atribui esse aumento, em parte, à popularidade do programa *American Idol*, que pede aos telespectadores que enviem os seus votos via torpedo.) Em 2006, os usuários enviaram 158 milhões de torpedos nos Estados Unidos, um aumento de 95% em relação ao ano anterior. Espera-se que essa tendência continue. Um sinal da popularidade dos torpedos no país foi a proibição do envio de mensagens de texto enquanto a pessoa dirige.

**Sabrina:** quando o Fernando vai calar a boca????
**Débora:** nunca
**Sabrina:** se ele disser MENINAS mais uma vez eu dou um soco nele
**Rita:** pelo menos ele finalmente deu computadores pra gente

Embora os torpedos estejam se tornando mais populares, as mensagens instantâneas (MI) conquistaram o público americano primeiro. Segundo a última pesquisa da Pew Internet and American Life, 53 milhões de americanos já usavam MIs em 2004, o que equivalia a 42% dos usuários de internet; 24% usam mais MIs do que e-mails; mais de 11 milhões de americanos mandam MIs no trabalho. O site PCMag.com relatou que pelo menos 25% das empresas americanas usam mensagens instantâneas oficialmente, segundo o *The Wall Street Journal*, cerca de 33% de todos os funcionários as utilizam. (Algumas empresas passaram a usar MIs para *toda* a comunicação interna.) À medida que um número cada vez maior de jovens que cresceram trocando mensagens instantâneas entra no mercado, a popularidade das MIs como ferramenta de trabalho deve aumentar ainda mais. E isso é bom.

Ter a confirmação por escrito de uma conversa rápida pode ser útil. Por exemplo: Will e seus colegas estavam no meio de uma tensa negociação. Enquanto Will saía, apressado, para almoçar, um deles gritou corredor abaixo: "Qual deve ser o nosso próximo lance?"

Will respondeu: "Oferece 75." Infelizmente, seu colega entendeu: "Oferece 175."

Assim, o colega fez um lance de 175 mil dólares. Will deveria ter redigido uma mensagem de texto no elevador para confirmar a sua oferta e evitado um erro que custaria 100 mil dólares.

Um comentário especial sobre MIs: algumas empresas descobriram que a tecnologia de MI pode ser incrivelmente eficaz para trabalhos em equipe. Ela despersonaliza a conversa de tal maneira que as pessoas prestam atenção às idéias e não a quem as apresentou; um registro da sessão fica gravado, e às vezes um comentário-chave só é percebido quando se revisa a transcrição; e os participantes podem anexar arquivos, links e outras informações.

Isso pode funcionar em outros ambientes, também. Kit Reed, professora de inglês da Wesleyan University, oferece uma oficina de redação on-line via mensagens instantâneas. Todos os alunos permanecem anônimos. (Usam apelidos.) Esse ambiente lhes dá a oportunidade de criticar o trabalho um do outro num cenário despersonalizado embora monitorado. "Num ambiente eletrônico, em que as pessoas não podem se ver, até mesmo os mais tímidos dizem alguma coisa. Qualquer coisa!"

### Cinco motivos para usar mensagens instantâneas e torpedos em vez do e-mail

1. Ao contrário do e-mail, sempre funcionam em tempo real.
2. Bom p/ mens curtas. (Na verdade, *precisam* ser curtas.)
3. Possibilitam que pequenas equipes de trabalho troquem informações entre si e discutam soluções.
4. São ideais para uma comunicação instantânea, móvel e silenciosa.
5. Ao mesmo tempo que fazem as vezes de uma conversa rápida, ainda proporcionam um registro temporário de quem disse o que e quando.

   Um aviso: muita gente se engana achando que MIs e torpedos são efêmeros. Nem tanto. *Ambos podem ser salvos por indivíduos e MIs podem ser salvas pelo servidor da empresa.*

## Estratégias híbridas

Embora tenhamos nos concentrado em tecnologias individuais, é importante lembrar que elas não existem isoladamente. É possível utilizá-las em sucessão, usando o e-mail para iniciar um contato e, a seguir, o telefone para concluir a conversa, por exemplo. Ou você pode combinar duas ou mais tecnologias simultaneamente.

Se você é responsável por atender o telefone do seu chefe, é bastante eficiente poder lhe enviar uma MI enquanto ele está ao telefone, para avisar que há alguém à sua espera na outra linha.

Se tiver concluído uma negociação delicada (não precisa ser profissional) por telefone ou pessoalmente, pode ser uma boa idéia confirmar a decisão conjunta por e-mail.

Digamos que você e seus colegas estejam numa teleconferência falando com alguém de fora da empresa. Vocês podem enviar MIs uns para os outros para formar uma estratégia unificada, comentar o que está sendo dito, compartilhar informações visuais e dividir as responsabilidades, tudo isso enquanto seguem com o telefonema.

Sobre multitarefas: o termo normalmente surge quando estudiosos de fenômenos culturais tentam fazer grande alarde sobre o empenho em realizar várias tarefas. Assim, embora enviar mensagens instantâneas, e-mails e conversar ao telefone ao mesmo tempo possa parecer, para a geração de mais de 40 anos, que estamos realizando múltiplas tarefas, para os mais jovens (a geração que cresceu fazendo todas essas coisas), isso é o básico.

Existe, porém, uma enorme diferença entre enviar um link útil para alguém enquanto se conversa com essa pessoa ao telefone e verificar os seus e-mails durante uma reunião maçante. Direcionar todas as ferramentas tecnológicas à nossa disposição para um único objetivo é positivo e produtivo. Por outro lado, quando usamos cada uma das tecnologias para servir a um objetivo completamente distinto, as pessoas envolvidas se sentem menosprezadas e a produtividade tende a diminuir.

### Mas eu nunca recebi aquele e-mail...

A maioria das pessoas acha realmente irritante, minutos depois da chegada de um e-mail, receber uma ligação perguntando: "Você recebeu o meu e-mail?" Se era tão importante assim, deveria ter sido só o telefonema.

É compreensível que as pessoas se preocupem com o fato de seus e-mails terem chegado ou não, mas é raro que parte de um e-mail fique faltando. Embora e-mails sejam transmitidos por partes (pacotes), ou você recebe tudo ou não recebe nada.

E-mails são seguros porque cada pacote pode percorrer um de muitos caminhos até o seu destino, permitindo, assim, que tomem novas rotas ao redor de pontos problemáticos. Mas a confiabilidade também provém do sistema de gerenciamento de erros da internet. No antigo ARPANET, pacotes perdidos eram de responsabilidade da rede: os nós que passavam mensagens até o seu destino tinham a função de controlar cada pacote. O sistema atual de TCP/IP tem uma abordagem diferente: o ônus de se certificar que nenhum pacote seja perdido recai sobre o remetente e sobre o destinatário, não sobre os nós da rede. Para isso, o destinatário deve acusar ao remetente o recebimento de cada pacote. Se o servidor do remetente parar de receber esses pacotes, o servidor esperará um pouco e enviará os pacotes problemáticos outra vez.

Pesquisadores do MIT (Instituto Tecnológico de Massachusetts) testaram, em 2005, a confiabilidade da entrega dos e-mails e descobriram que mensagens inteiras se perdem com mais freqüência do que se acreditava. *Enquanto*

*90% das mensagens chegavam ao destino no espaço de cinco minutos, algumas ficavam presas durante quase um mês.* (Os pesquisadores também citaram provas de que a hora exibida no cabeçalho do e-mail costuma ser falsa, pois nem sempre os relógios dos servidores estão regulados.) Além disso, o estudo descobriu que em apenas 28% das ocasiões os servidores das 500 maiores empresas (segundo a lista da revista *Fortune*) devolviam mensagens enviadas para endereços fictícios. Talvez não seja por acaso. Os geradores de spam podem usar mensagens devolvidas para conhecer melhor o sistema de e-mail de uma empresa.

## Ao vivo

Não se esqueça de dar as caras de vez em quando.

A tecnologia está aí para facilitar a comunicação pessoal, não para acabar com ela. A interação com as pessoas é muito prazerosa e produtiva. Convenções, reuniões, viagens de negócios, ligações de vendas, simples caminhadas pelo escritório – todas essas atividades servem a um propósito. Você só tem um "eu", 24 horas num dia e a capacidade de estar num único local de cada vez. O próprio fato de estar em determinado lugar é o maior dos elogios e um grande exemplo de dedicação à tarefa que se encontra à sua frente.

Além disso, há uma série de dicas visuais que registramos, consciente e inconscientemente, quando se conversa com alguém em pessoa. Sim, o telefone é bem mais sutil do que o e-mail, mas torna-se uma ferramenta grosseira se comparada à interação cara a cara. Por isso existem coisas que são muito melhores ao vivo do que de qualquer outra maneira; entrevistas de trabalho, avaliações de desempenho, comunicados de demissão e propostas de casamento são apenas algumas das mais óbvias.

Tenha em mente, também, que o e-mail não foi criado para tomadas de decisão básicas que envolvem diversas vozes de mesmo peso. Por exemplo, se quatro pessoas estiverem tentando decidir entre quatro restaurantes diferentes para jantar e cada uma tiver opiniões que poderiam influenciar as outras e o resultado depender de quem fala em qual ordem, então existem 256 caminhos possíveis até a decisão. Aí está uma situação em que uma reunião ou teleconferência vai poder evitar muitos aborrecimentos para todos.

Embora seja tentador se esconder por trás do e-mail, do telefone ou de qualquer outra tecnologia que esteja a seu dispor, lembre-se de seguir a regra de ouro. Jamais faça eletronicamente o que você gostaria que fizessem com você pessoalmente.

## O silêncio

Com tantas ferramentas de comunicação, é fácil esquecermos que há momentos em que não precisamos enviar resposta alguma.

É óbvio que jamais devemos responder a um spam. Também não devemos nos sentir obrigados a responder a "spams pessoais" (piadas, curiosidades, apelos de solidariedade enviados por um amigo ou conhecido para uma longa lista de pessoas). Com freqüência, é melhor ignorar e-mails indecorosos, ameaças e insultos. Se um estranho fizer, repetidamente, uma mesma pergunta que você já respondeu ou continuar a lhe pedir um favor que você já disse que não pode ou não deseja fazer, não há problema em parar de escrever.

Quando uma conversa tiver, claramente, chegado ao fim, tampouco há necessidade de responder. Algumas vezes é difícil saber, mas quando as trocas chegarem a mensagens de uma palavra ("ótimo", "feito") isso é uma boa indicação de que são desnecessários mais e-mails sobre o assunto. Você também pode acreditar quando alguém escrever num e-mail "Não é preciso responder". O acréscimo dessa frase poderia reduzir drasticamente o número de e-mails recebidos.

E não é porque todo mundo envia e-mails que você também tem de fazê-lo. Se você estiver num grupo, é bom refletir se está ajudando ou apenas fazendo com que a sua presença seja notada ao acrescentar "Ótimo" ao coro de vozes.

Finalmente, há momentos em que – sobretudo em situações altamente controversas – nada precisa ser dito. Tomar a decisão correta pode significar não fazer coisa alguma. É particularmente tentador, nas trocas de e-mails, sempre querer ter a última palavra, mas se alguém tem de encerrar a conversa, por que não você?

:: CAPÍTULO 2 ::

# A anatomia de um e-mail

>> Costumamos nos concentrar tanto no que queremos dizer num e-mail que pensamos muito pouco na sua estrutura, principalmente quando estamos respondendo a uma mensagem em vez de dando início à comunicação. Isso acontece porque os campos Para, Cc, Cco e Assunto são automaticamente preenchidos quando clicamos em Responder.

Essa falta de atenção também se aplica a outros elementos básicos dos e-mails. Encaminhar ou não um anexo; usar que tipo, tamanho e cor de fonte; como fazer a saudação inicial ou se despedir de alguém – todas essas escolhas tendem a receber menos atenção do que deveriam. É uma pena, porque utilizar alguns segundos para pensar em como você quer compor o seu e-mail pode fazer toda a diferença.

Vamos examinar os componentes de um e-mail, a partir do destinatário.

## Para:

Você escreveu um e-mail brilhante contendo as suas sugestões para um projeto do trabalho. Um e-mail "perfeito". Sem um único defeito. Direto. Detalhado. Preciso.

Então, você o envia para um colega e ele pensa: "Legal. Mas o que é que isso tem a ver comigo?" Ou você se esquece de incluir uma das pessoas com quem ele tem *mais* a ver e todo o seu empenho vai por água abaixo.

Não estamos falando de e-mails que são endereçados erroneamente. Estamos falando dos e-mails mal direcionados cada dia.

Eles existem em muitas variedades. Inclua nomes demais no campo Para e ninguém vai se sentir obrigado a responder. Passe por cima ou ao largo de alguém e você vai acabar minando o seu objetivo. Incomode um contato importante com um pedido pouco apropriado e os seus e-mails seguintes podem ficar sem resposta. Quando você envia um e-mail para o diretor de vendas de uma região com um pedido referente a outra, acaba aborrecendo a pessoa para quem enviou a mensagem e, por fim, a pessoa para quem não enviou. A mensagem que você está transmitindo é: "Eu não sei o que você faz" ou "Acho que você é do tipo que faria qualquer coisa que eu pedisse, mesmo não sendo a sua função". Ambas são péssimas.

Correndo o risco de dizer o óbvio, até mesmo o e-mail mais elegantemente escrito não vai trazer o resultado esperado se não chegar à pessoa correta: aquela que poderá fazer algo a respeito. Aqui vão algumas dicas essenciais.

## Gente demais

Cuidado para não colocar gente demais no campo Para. Se você pedir a seis pessoas para levarem um documento à reunião, é possível que todas seis o façam, e há uma chance de que nenhuma o faça, a não ser que você se lembre, no corpo da mensagem, de designar tarefas específicas para cada pessoa.

A saber:

**Para**: Alan, Rosa
**De**: Roger
**Assunto**: Reunião
Alguém pode levar o gráfico para a reunião com a Sara?

Afinal, quem vai levá-lo?

**Para**: Alan, Rosa
**De**: Roger
**Assunto**: Reunião
Alan: Favor levar o gráfico para a reunião com a Sara.
Rosa: Você poderia, por favor, LEMBRAR ao Alan de levar o gráfico para a reunião?

Patrick Lencioni, autor de *Os cinco desafios das equipes*, afirmou: "Quando envio um e-mail para uma pessoa, existe uma chance de 95% de receber uma resposta. Quando envio para 10 pessoas, o índice de resposta cai para 5%. Quando você começa a acrescentar gente, reduz drasticamente a exclusividade e faz as pessoas acharem que não precisam ler o e-mail nem fazer o que você pediu."

Trata-se, apenas, da natureza humana: um indivíduo fica muito mais inclinado a fazer o que lhe pedem num e-mail se ele for o único destinatário.

## "Para" não é o mesmo que "Cc"

Não confunda o campo Para com o Cc. Por exemplo, se você quer agradecer a uma pessoa mas deseja que outras fiquem sabendo disso, coloque as outras no campo Cc. Se você espremer todo mundo no campo Para, a pessoa a quem está agradecendo poderá se sentir menosprezada.

Digamos que você deseje reconhecer um feito do Tom, uma dentre as diversas pessoas de um comitê designado para fazer a minuta de um documento, por ter trabalhado até mais tarde.

Veja um exemplo do que *não* fazer:

**Para**: Benjamin Franklin, John Adams, Roger Sherman, Robert Livingston, Thomas Jefferson
**De**: Segundo Congresso Continental
Obrigado por ter ficado até tão tarde para terminar a Declaração.

Eis o que você deveria ter feito:

**Para**: Thomas Jefferson
**Cc**: Benjamin Franklin, John Adams, Roger Sherman, Robert Livingston
**De**: Segundo Congresso Continental
Obrigado por ter ficado até tão tarde para terminar a Declaração.

## Endereços privados

Quando você escrever para muitas pessoas ao mesmo tempo, lembre-se de que está compartilhando endereços privados de e-mail com o mundo – endereços que os destinatários talvez não queiram compartilhar. (O outro lado da moeda é que os e-mails em massa que você recebe podem ser uma ótima fonte de contatos.) Peça a alguém de TI que lhe ensine como esconder os nomes individuais que fazem parte de um grupo, ou, então, coloque todo mundo no campo Cco para preservar o anonimato. E envie e-mails para grupos com parcimônia.

## O melhor endereço

Muitos de nós temos vários endereços eletrônicos. Antes de enviar um e-mail, certifique-se de que está enviando a sua mensagem para o endereço mais apropriado. (Quantas vezes você já ouviu algo assim: "Não acredito que você enviou a mensagem justo para *aquela* conta do Yahoo. Eu nunca entro lá." Ou pior: "Não acredito que você enviou aquela mensagem para o meu e-mail do trabalho. Você não sabe que eles lêem tudo?") Isso serve não só para garantir que o destinatário receba o e-mail, mas também para fazer a mensagem chegar às mãos de alguém no contexto em que ele estará mais propenso a pensar naquele assunto.

Costuma ser fácil adivinhar qual endereço de e-mail está relacionado a determinado aspecto da vida do destinatário.

> Bill@Microsoft.com: Segue o projeto de um novo antivírus.
> Bill@Gatesfoundation.com: Segue um projeto para o combate à malária.
> Bill@hotmail.com: Quer vir aqui em casa na sexta para tomarmos umas cervejas?

Quando não for óbvio, você pode perguntar, ou, então, enviar o e-mail para todos os endereços que tiver, lembrando-se de duas coisas:

>> **Normalmente não há como errar se você responder para o endereço de onde veio a mensagem, contanto que você se atenha ao mesmo tipo de assunto.**

>> **Nunca escolha o endereço profissional de alguém para mandar um e-mail que envergonharia o destinatário caso outras pessoas o lessem.**

## A ordem

Muita gente se importa com hierarquia. Certifique-se de que você está colocando os nomes no campo Para na ordem apropriada (em geral, de acordo com a posição).

Deverá ficar mais ou menos assim:

**Para**: Marechal, General, Coronel, Major, Capitão, Sargento, Cabo, Soldado

E se você estiver escrevendo para um grupo de soldados rasos? Poderá priorizar por idade, familiaridade ou relevância à tarefa em questão. Em caso de dúvida, ponha em ordem alfabética.

### O "Para" acidental

Todos estamos propensos a acidentes com o e-mail. Com o deslizar de um dedo, é fácil enviarmos um e-mail malpassado, ou até mesmo cru.

É possível que você já tenha se metido numa desventura de redirecionamentos ou de encaminhamentos. Você acha que está respondendo a alguém, mas, na verdade, está encaminhando um e-mail; pensa que está encaminhando uma mensagem, mas está, de fato, respondendo ao remetente; acredita estar respondendo a uma pessoa, quando está respondendo a todos os copiados; imagina que está começando um e-mail novo, mas não está, e os vestígios de e-mails anteriores que vão junto com a sua mensagem podem matá-lo de vergonha.

A função de autopreenchimento apresenta outros perigos. Se você tem duas pessoas na sua lista de endereços cujos nomes começam com as mesmas letras, é incrivelmente fácil você enviar a mensagem para a pessoa errada.

Digamos, por exemplo, que você queira apresentar um novo software ao Bill Gates, mas não olha para a tela quando está digitando o nome do destinatário e o e-mail acaba indo para o Bill Clinton. Assim, o Bill Gates não recebe a apresentação, e o Bill Clinton fica sem entender nada.

Listas de e-mails podem amplificar o potencial para a tragédia. Em 2006, o diretor de admissões da Faculdade de Direito da Universidade da Califórnia enviou a seguinte mensagem para aproximadamente 7 mil candidatos: "Escrevo-lhe para, mais uma vez, parabenizá-lo por ter sido aceito na faculdade." Para os 6.500 dos 7 mil que não haviam sido aceitos, aquilo foi uma surpresa. Assim como a retratação que se seguiu, via e-mail, 20 minutos mais tarde.

"Eu estava mexendo no programa", contou o diretor de admissões ao *San Francisco Chronicle.* "Cliquei no Enviar e, imediatamente, senti todo o sangue fugir da minha cabeça."

Pelo menos o diretor se deu conta imediatamente do erro cometido e teve a chance de corrigi-lo. Nem sempre é o caso. Por exemplo, de vez em quando David recebe um e-mail de determinado relações-públicas. Há dois anos, esse indivíduo acidentalmente encaminhou a David a cópia de sua correspondência com um cliente que havia escrito um texto de opinião para David que acabou rejeitado. (Educadamente rejeitado, devemos acrescentar.) A mensagem discutia o julgamento editorial e o caráter de David de maneira tão franca e mordaz que teria dado vida ao tal artigo, embora o tivesse tornado impublicável para um jornal de família.

Embora David analise, com grande cuidado, cada artigo que recebe, seria desonesto afirmarmos que um lampejo de irritação não lhe passa pela mente toda vez que esse nome em especial surge em sua caixa de entrada. Se David trabalhasse em outra área, é possível que as mensagens dessa pessoa não fossem mais lidas.

Se você só quer manter as pessoas a par do assunto, elas não pertencem ao campo Para, pertencem ao Cc (cópia carbono).

O que a Cc diz, pura e simplesmente, é isto: eu quero que saiba o que está acontecendo, embora você provavelmente não precise fazer nada a respeito. Por ter o objetivo um tanto obscuro, a Cc é um campo minado do ponto de vista político e hierárquico.

## Uma Cc correta

**Para**: Irmão Mais Novo
**Cc**: Irmã Mais Velha
**De**: Papai
Favor alimentar o lagarto.

O Irmão Mais Novo sabe que a função é dele. A Irmã Mais Velha sabe que não é dela (ela pode até lembrá-la ao Irmão Mais Novo). Se ela também estivesse no campo Para e não no Cc, o lagarto poderia ter sido alimentado duas vezes, ou nenhuma.

## Tomando partido

Quando você usar o campo Cc numa mensagem, pense bem em quem deseja incluir e quem deseja excluir, independentemente de estar iniciando uma troca ou respondendo a um e-mail. O simples fato de uma pessoa ter feito parte de uma troca desde o início não significa que deva permanecer para sempre. Mas, se alguém estiver tentando excluir de uma conversa alguém que tem o direito de fazer parte dela, uma Cc poderá colocar todo mundo em seu devido lugar. Eis o exemplo de um supervisor escrevendo a um cliente (Gabriel) que reclamou do atendimento de uma funcionária (Andréa):

**Para**: Gabriel
**Cc**: Andréa
**Assunto**: Re: A campanha de marketing
Lamento que não esteja satisfeito com a resposta de Andréa. Sinto lhe informar que ela representa a posição da empresa. Espero que concorde em continuar a se corresponder diretamente com ela.
Att,
O Supervisor

O supervisor de Andréa poderia ter feito isso sem uma Cc, mas incluí-la comunicou tanto ao cliente quanto a ela que a funcionária contava com todo o apoio de seu superior. (Em alguns casos, isso poderia ser mais bem administrado com um telefonema.)

## Retirando e acrescentando nomes a cada passo

Retirar e acrescentar nomes em um campo Cc, por conta própria, numa conversa contínua via e-mail, pode alterar a dinâmica do grupo ou gerar suspeitas. Se houver dúvida, pergunte à outra pessoa – por telefone, pessoalmente ou por e-mail – se ela se importa que você envie cópia para determinado indivíduo numa correspondência.

Se você achar que alguém deve ser liberado de uma série de e-mails, ofereça a essa pessoa a oportunidade:

**Para**: Marcie
**De**: Lucy
**Assunto**: Re: Festa de Natal
Ainda vamos trocar dezenas de e-mails sobre a logística da festa. Avise se você ainda quer receber cópia de todos eles.

Ou, se quiser acrescentar alguém:

**Para**: Charlie Brown, Chiqueirinho, Snoopy, Woodstock
**Cc**: Schroeder
**De**: Lucy
**Assunto**: Re: Festa de Natal
Ei, turma! Estamos incluindo o Schroeder nestes e-mails porque ele vai tocar piano na festa.

Observação: Lucy ligou para o Charlie Brown antes de enviar o segundo e-mail; ela sabe que ele tem baixa auto-estima e não queria que se sentisse pessoalmente atingido quando ela acrescentasse Schroeder, por sua conta, à lista.

## Escalada

Colocar o chefe de alguém na Cc de um e-mail elogioso é uma forma de ampliar o elogio. Já se você incluir o chefe de alguém numa reclamação, isso torna a reprimenda muito pior. Acrescente os departamentos jurídico ou de RH numa Cc e, se você é o chefe, está mandando o recado de que os dias do destinatário estão contados; se você é um funcionário, provavelmente acaba de dar início a uma guerra. O mesmo é válido se qualquer uma das partes mandar cópia para a imprensa, algum órgão de defesa do consumidor ou do governo.

ALERTA DE GUERRA NÍVEL 3
**Para**: Saddam Hussein
**De**: George W. Bush
Favor permitir a entrada dos inspetores de armas.

ALERTA DE GUERRA NÍVEL 2
**Para**: Saddam Hussein

**De**: George W. Bush
**Cc**: Conselho de Segurança da ONU
Favor permitir a entrada dos inspetores de armas.

ALERTA DE GUERRA NÍVEL 1
**Para**: Saddam Hussein
**De**: George W. Bush
**Cc**: Secretário-geral da ONU, OTAN, União Européia, Comitê de Chefes do Estado-Maior
Favor permitir a entrada dos inspetores de armas.

## Tornando público

Jamais se esqueça de que uma Cc tem o poder de envergonhar uma pessoa publicamente, quer seja essa a sua intenção ou não.

A história a seguir, que aconteceu com o presidente da subsidiária chinesa da EMC (multinacional que fatura 10 bilhões de dólares por ano) serve de advertência. Certa noite, em maio de 2006, após o executivo encontrar seu escritório trancado, enviou o seguinte e-mail à secretária:

Você me impediu de entrar no escritório esta noite porque pressupõe que ando com a minha chave. De agora em diante, não saia do escritório até ter verificado com todos os gerentes.

Em algum momento entre a composição da mensagem e o momento em que clicou em Enviar, ele se sentiu inclinado a mandar cópia para outras pessoas da empresa.

A secretária respondeu:

Tranquei a porta porque o escritório já foi roubado no passado. Embora eu seja sua subordinada, por favor, veja como me dirige a palavra. Trata-se da mais básica regra de cortesia.

O senhor tem as próprias chaves. Esqueceu-se de trazê-las, e ainda assim insiste em dizer que a culpa é de outra pessoa.

Em retribuição ao que ele havia feito, ela mandou cópia para todos os funcionários da EMC na China. A troca de e-mails rapidamente foi parar nas mãos da imprensa chinesa e se transformou em fonte de debate nacional – o chefe era de Cingapura, e o seu comportamento suscitou temores de imperialismo cultural. Também teve o poder de mexer em questões sensíveis, que vão da política de gênero à hierarquia no ambiente de trabalho: de quem é a função de trancar as portas?

Por fim, o chefe se viu forçado a pedir demissão. Mas, e se ele não tivesse colocado aquela Cc no primeiro e-mail? E se o tivesse enviado para a secretária e mais ninguém? (É claro que talvez ele nem devesse ter enviado o e-mail para início de conversa... mas isso já faz parte de outra seção do livro.) Ele, então, não teria transformado um pequeno mal-estar numa reprimenda pública, uma perda de prestígio que levou a secretária a se defender de maneira igualmente pública.

## Mensagens para os chefes

Se você é o poderoso chefão, pode tornar a vida dos outros mais fácil se incluir no e-mail aqueles que ocupam os degraus que o separam da pessoa para quem está escrevendo. Essa tática encoraja a transparência e a cooperação entre os postos de trabalho.

Isso pode funcionar também em outra direção. Tivemos uma discussão a esse respeito. De início, David achou que se recebesse uma mensagem do presidente não precisaria compartilhá-la com seu supervisor direto, ou estaria sendo inconveniente, como se estivesse se gabando do relacionamento com o chefão.

Will apresentou um argumento convincente de que é sua responsabilidade fazer com que o seu supervisor saiba que você tem se correspondido com o chefe dele – algo que se faz melhor por telefone, em pessoa ou por meio de um e-mail em separado ou encaminhado. (Se você simplesmente acrescentar o seu chefe direto como Cc na resposta, pode ficar parecendo uma reprimenda ao chefão por não ter incluído o seu supervisor direto.) É essencial manter o nosso supervisor a par do que está acontecendo. Como você se sentiria se um dos seus subordinados estivesse trocando e-mails com o presidente sem que você soubesse? Informação é poder; ao escolher com quem compartilhá-la você faz com que o outro saiba que ele é importante.

## Por que eles estão onde estão?

Ao enviar e-mails para as pessoas de fora da sua organização, deixe claro por que você escolheu aquela lista de Cc.

> **Para**: Noiva e Noivo
> **De**: Gerente Geral, Hotel Chique
> **Cc**: Flora, Nicolas
> Fico muito satisfeito por terem escolhido o nosso hotel para o casamento. Estou incluindo cópia para a Flora, que cuida dos nossos arranjos de flores, e para o Nicolas, o chef responsável pelo bolo.
> Os dois entrarão em contato com vocês, diretamente.

Quando estiver respondendo a um e-mail de outra empresa, com cópia para pessoas que não lhe são familiares, nunca use a função Responder a Todos até conhecer a identidade e o cargo ocupado por todas as pessoas incluídas. Embora vá lhe consumir tempo, vale a pena. Imagine estar numa pequena reunião com um grupo de pessoas de outra empresa sem saber quem algumas delas são ou o que fazem. Você se sentiria à vontade para falar abertamente? Ou ficaria tão cauteloso que nada de significativo seria discutido? Imagine o que poderia ter acontecido se o gerente geral do Hotel Chique não tivesse dito à noiva e ao noivo quem eram as pessoas que também receberiam cópia. Eles poderiam ter clicado em Responder a Todos e escrito algo assim:

**Para**: Gerente Geral, Hotel Chique
**De**: Noiva e Noivo
**Cc**: Flora, Nicolas
Estamos muito animados com a realização do nosso casamento no seu lindo hotel, mas vamos encomendar as flores e o bolo a outro lugar. Sem querer ofender ninguém, o responsável pelos arranjos de vocês deve ser daltônico. E o bolo que provamos quando visitamos o hotel tinha gosto de papelão!

## Responder ou Responder a Todos?

Informe aos seus destinatários, no próprio e-mail, se devem responder apenas a você ou a todos.

### A política da Cc

Ninguém gosta de ser excluído. Mas não dá para incluir todo mundo em tudo. É por isso que a Cc está entre os aspectos mais problemáticos dos e-mails. A seguir, encontra-se um estudo de caso. Não existe resposta certa ou errada, apenas opções com implicações diferentes que dependem de políticas pessoais.

#### O caso

Você, Sofia, é designer chefe de pranchas de surfe. Você recebe um e-mail de um colega iniciante, Anderson, que envia cópia para Alice, chefe de produção, e Sandra, chefe de vendas. Ele não envia cópia para Érica, chefe do departamento de artes gráficas, que deveria estar encarregada do desenho em si.

**Para**: Sofia
**Cc**: Alice, Sandra
**De**: Anderson
**Assunto**: "Cowabunga"
Essa palavra ainda é maneira? Ou não é? Ela deve vir escrita na prancha?

Você acha que a Érica tem de fazer parte dessa discussão. Aqui estão cinco maneiras de levantar a questão:

**Opção um:** O simples acréscimo (no qual você dá um Responder a Todos e acrescenta Érica sem maiores comentários).

**Para**: Anderson
**Cc**: Alice, Sandra, Érica
**De**: Sofia
**Assunto**: Re: "Cowabunga"
Não muito. Acho meio nerd. E vocês?

**Opção dois:** O acréscimo com comentário (no qual você dá um Responder a Todos e acrescenta Érica, mas comenta a respeito).

**Para**: Anderson
**Cc**: Alice, Sandra, Érica
**De**: Sofia
**Assunto**: Re: "Cowabunga"

Não muito. Acho meio nerd. E vocês? Incluí a Érica para também termos a opinião dela.

**Opção três:** Encaminhar (sem avisar de antemão ao remetente original).

**Para**: Érica
**De**: Sofia
**Assunto**: Enc: "Cowabunga"
O Anderson me enviou o e-mail abaixo. O que você acha?

**Opção quatro:** Encaminhar com Cc (enviando a mensagem de volta ao remetente original).

**Para**: Érica
**De**: Sofia
**Cc**: Anderson
**Assunto**: Enc: "Cowabunga"
O Anderson me enviou o e-mail abaixo. O que você acha?

**Opção cinco:** Passar a bola para o remetente (sugerindo que ele reenvie a mensagem original).

**Para**: Anderson
**De**: Sofia
**Assunto**: Re: "Cowabunga"
Acho que você deve incluir a Érica nessa discussão.

## A análise

**Opção um:** A resposta mais eficiente quando não existem fatores complicadores (todos se dão bem; talvez Érica tenha sido excluída por acidente; Érica provavelmente não ficará ofendida de uma forma ou de outra).

**Opção dois:** Basicamente o mesmo que a primeira, exceto que alerta o grupo para a presença de Érica. Anderson poderá, no entanto, encarar isso como uma repreensão, já que ficará evidente para todos que ele se esqueceu de incluir Érica.

**Opção três:** Pode ser percebida como conspiratória – agora Érica pode ficar zangada pela sua exclusão original não ter sido retificada publicamente; Anderson pode se aborrecer se descobrir, mais tarde, que seu e-mail foi encaminhado.

**Opção quatro:** Menos conspiratória do que a opção três. Anderson pode encarar o gesto como uma forma de mantê-lo a par de tudo. Mas ele ainda pode se sentir repreendido por ter deixado de incluir Érica na discussão.

**Opção cinco:** De longe o caminho mais *seguro*, pois dá a Anderson a oportunidade de dizer: "Opa, esqueci", ou de explicar por que não incluiu Érica. No entanto, é também o caminho mais demorado. Essa é a única opção que não faz a mensagem chegar a Érica imediatamente para que ela possa dar uma opinião.

Se o fator tempo for essencial, esse é o momento de pegar o telefone e conseguir um o.k. verbal de Anderson para escolher a opção um ou a dois.

## A Cco lisonjeira

Por sua própria natureza, cópias ocultas são furtivas. Precisam ser manuseadas com extremo cuidado. As cópias ocultas quase nunca devem ser usadas para comunicação dentro da sua própria empresa, porque você não vai querer falar pelas costas das pessoas com quem trabalha. A cópia oculta é perdoável em raras ocasiões, como para sinalizar o seu apoio a um colega. Se você estiver escrevendo para o seu supervisor e enviar uma cópia oculta para alguém de sua equipe, isso poderá demonstrar a essa pessoa que você confia nela.

**Para**: Speed Racer
**De**: Chefe do Pit Stop
**Cco**: Trocador de pneus
Caro Speed, estamos gastando pneus rápido demais. Você precisa fazer as curvas um pouco mais devagar. Os rapazes do pit stop estão indo à loucura.

## Dentro vs. Fora

Ccos podem ser úteis quando o e-mail é destinado a pessoas de fora da sua organização. Digamos, por exemplo, que você precisa manter o seu chefe a par das suas negociações com outra empresa. Se você o incluir em toda correspondência relevante, o supervisor do seu contato provavelmente se sentirá na obrigação de se envolver na negociação. E antes que você se dê conta, o seu chefe estará lidando com o problema que ele queria que você resolvesse. Uma Cco pode ajudar.

**Para**: Ministro das Relações Exteriores da Federação Russa
**De**: Secretária de Estado dos EUA
**Cco**: Presidente dos Estados Unidos
Sergei,
Você acha que podemos resolver o problema comercial do caviar sozinhos?
Condoleezza

## Informar sem inflamar

Uma Cco para o seu advogado permite que ele saiba o que está acontecendo sem fazer a situação se complicar, o que poderia acontecer se o outro lado soubesse que você está considerando uma ação legal.

**Para**: Alex@empadasalex.com
**De**: Miriam@empadasmiriam.com
**Cco**: advogado@empadasmiriam.com
Querido Alex,
Parabéns pela inauguração da sua própria lanchonete.
Notamos, porém, que as suas empadas têm um sabor muito parecido com o das nossas. Você não levou embora, sem querer, a nossa receita secreta, levou?

Se você achar uma Cco vil demais, pode encaminhar o e-mail que acabou de enviar à pessoa para quem teria mandado a Cco com "Para a sua informação" ou "Achei que você gostaria de saber disto" no Assunto. Essa abordagem também lhe garante não acabar num desastre de Responder a Todos. Lembre-se: se alguém que recebeu uma Cco apertar Responder a Todos, tanto a resposta dele (possivelmente insolente) quanto o fato de ter sido secretamente incluído no envio serão revelados a todos.

## O ABC da Cc e da Cco (e do Encaminhar)

Cc: Eu quero que você saiba e quero que os demais saibam que eu quero que você saiba.

Cco: Eu quero que você saiba e NÃO quero que os demais saibam que eu quero que você saiba.

Encaminhar: Eu quero que você saiba e talvez eu queira acrescentar algo à mensagem original e posso ou não querer que os outros saibam que eu quero que você saiba. E se eu não quiser que os outros saibam que eu quero que você saiba, eu não quero correr o risco de que descubram sem querer por causa de um escorregão do dedo sobre o "Responder a Todos".

## De:

Na maior parte das vezes, você pode deixar o "De" pra lá. Mas há dois fatores em que vale pensar um pouco mais.

1. O campo De diz ao destinatário de onde a mensagem está vindo e para onde a resposta deve ir. Se você tiver vários endereços de e-mail e quiser que a resposta vá para todos eles, coloque esses endereços no campo Cc e peça que a pessoa a quem você está escrevendo clique em Responder a Todos para que você receba a resposta em todas as suas contas.

2. Lembre-se de enviar um e-mail a partir de um endereço eletrônico apropriado e de direcionar as respostas para ele – assunto de trabalho para e-mail de trabalho. E lembre-se de que o seu endereço pode prejudicá-lo caso passe uma má impressão. Empregadores em potencial, por exemplo, costumam atentar

para os endereços de e-mail. Então, é melhor não enviar o seu CV pelo bebedordecerva@faculdade.net se quiser conseguir aquele emprego. (A não ser que você esteja procurando emprego numa cervejaria.)

## Campo Assunto

O campo Assunto é o mais importante e o mais negligenciado do seu e-mail. No quadro a seguir, há uma variedade de campos Assunto reais que recebemos num dia comum, há não muito tempo.

É óbvio que existe alguma injustiça aqui. E-mails têm contextos, e o nome do remetente talvez pudesse oferecer alguma dica do que estes campos Assunto significam. Dito isso, achamos o primeiro conjunto um verdadeiro mistério.

| Doze campos Assunto que não dizem nada |
|---|
| O que fazer? |
| ?????? |
| Re: Para a sua informação |
| Duas coisas |
| Ótimas notícias |
| Urgente |
| Amanhã |
| " " |
| Status |
| O que você acha disto? |
| Pergunta rápida |
| Gostaríamos da sua ajuda |

| Doze campos de assunto que dizem o que o aguarda |
|---|
| Eventos de salvamento em 29/04 em Nova York |
| Comentários sobre o Plano Estratégico |
| Encontre-nos no Merc |
| Itinerário do Tom e do Anderson |
| Prazo do livro |
| Aniversário da mamãe |
| Despesas aprovadas |
| Pauta da reunião de aquisições |
| Documentos faltando |
| A National Geographic está interessada |
| Cinema este fim de semana? |
| Horários do próximo ano letivo |

Quando você preenche o campo Assunto do e-mail, está explicando a si mesmo do que ele trata. Se estiver tendo problemas com isso, deve haver algo errado com a sua mensagem.

Will, por exemplo, se enrolou todo tentando enviar uma mensagem depois de uma reunião de vendas importante. Como não havia reservado tempo suficiente para a reunião, ela terminou abruptamente, então ele sentiu necessidade de enviar um e-mail de desculpas, mas também precisava fazer um resumo dos avanços. Havia também dito ao grupo que queria marcar uma reunião de acompanhamento, então, de quebra, queria escrever uma mensagem sugerindo data e local.

Mas o que colocar no Assunto ? "Pedido de desculpas por um final apressado"? "Plano de ação"? "A próxima reunião"? Ou uma combinação de tudo isso?

Embora Will não soubesse ao certo se o grupo tinha ficado ofendido, não queria correr o risco. Um pedido de desculpas precisaria constar do campo Assunto. Mas isso não podia ser o único item, pois deixaria de salientar o grande trabalho realizado. Fazer da reunião seguinte o item principal sinalizaria que Will dava grande importância a reuniões, mas pouca ao acompanhamento dos assuntos discutidos.

Quando Will se deu conta de que estava tentando fazer coisas demais num único e-mail, decidiu enviar dois.

O primeiro tinha no Assunto "Desculpas e recapitulação da reunião de 26/07".

O segundo, enviado imediatamente após o primeiro, tinha no Assunto "Próxima reunião de vendas em 05/08".

Nosso conselho com relação ao campo Assunto: use-o sempre. Certifique-se de que esteja dizendo algo de informativo. Assegure-se de que não soe como spam; de que não reflita apenas o primeiro item da sua mensagem, mas, sim, o conteúdo completo. E certifique-se de usar palavras específicas que sejam identificáveis para o destinatário. Não diga "Reunião"; diga "Reunião da Vivian".

Lembre-se de que o e-mail é democrático. É difícil saber o que é e o que não é importante. O campo Assunto constitui uma das poucas dicas que você pode oferecer ao seu correspondente para que ele saiba quando e como ler a sua mensagem. Se nós não tivéssemos dado um título a esta seção, por exemplo, você a teria encontrado facilmente?

Ah, e pedir às pessoas que não leiam o e-mail que você acaba de lhes enviar – Assunto: Desconsiderar e-mail anterior – é um convite para que o leiam e que disseminem o seu conteúdo pelos quatro cantos. Na realidade, um amigo nosso fez o marketing de um livro enviando deliberadamente um e-mail bombástico a respeito do mesmo, seguido imediatamente por outro, pedindo, no campo Assunto, que desconsiderassem a mensagem inicial. Funcionou como que por encanto. As vendas foram à estratosfera!

## Uma mãozinha para quem usa palmtop

Um número cada vez maior de pessoas checa e-mails em palmtops, e neles pode acontecer de o campo Assunto ser exibido pela metade. Por isso, quanto mais curto, melhor, e as primeiras palavras são cruciais para dizer ao destinatário o que você quer.

Jantar do remo no Clube Naval

A frase acima transmite o assunto de uma mensagem numa telinha minúscula. "Jantar do remo" talvez seja a única coisa que apareça, mas se você fizer parte da equipe e estiver à espera de notícias sobre um jantar, vai ser o bastante para atrair sua atenção. Por outro lado:

Você foi convidado para um jantar de fim de temporada do remo...

Esse campo Assunto provavelmente vai ser reduzido a "Você foi convidado", deixando o destinatário temporariamente confuso.

## Atualizações

O campo Assunto pode precisar ser atualizado ao longo de uma correspondência por e-mail mais extensa, não só para dar às pessoas um quadro preciso do que se trata, mas por importantes motivos legais que discutiremos mais adiante (ver páginas 164-165). Antes de enviar a resposta, certifique-se de que o campo Assunto corresponde à sua mensagem e que diz ao destinatário se o e-mail mais recente difere de todos os outros que o precederam. Isso é extremamente importante quando o assunto der uma guinada em relação ao tema original.

Por exemplo:

**Para**: Tom
**De**: Val
**Assunto**: Re: Marcar a sua colonoscopia
Piratas do Caribe VIII ou Homem Aranha XIV?

Talvez esse e-mail seja aberto mais rapidamente se disser:

**Para**: Tom
**De**: Val
**Assunto**: DVD para hoje à noite
Piratas do Caribe VIII ou Homem Aranha XIV?

## "Re:" ao infinito

Não caia na armadilha do "Re: Re: Re:". Isso era útil nos primórdios do e-mail, quando era mais difícil classificar a caixa de entrada e você precisava de uma forma de descobrir em que ponto da conversa tinha chegado. Hoje, quando se pode classificar, facilmente, por remetente e data de envio, essa proliferação só serve para sujar a tela.

## Evite exageros

Há poucas coisas mais decepcionantes do que uma mensagem cujo conteúdo não corresponde ao que foi alardeado. "Ótimas notícias" têm de ser ótimas.

**Para**: Douglas
**De**: George
**Assunto**: Ótimas notícias
Finalmente me lembrei do nome do cereal matinal que eu adorava quando era criança.

*Versus*:

**Para**: Douglas
**De**: George
**Assunto**: Ótimas notícias
Bill Gates quer comprar a nossa parte na empresa.

Ainda mais decepcionante é a mensagem que contradiz diretamente o entusiasmado campo Assunto. Eis um e-mail real que chegou para o Will:

**Para**: Todos os funcionários
**De**: R.H.
**Assunto**: FERIADÃO DO DIA DA INDEPENDÊNCIA!!!!!!
A sexta-feira depois do Dia da Independência é dia útil. Quem quiser enforcar vai ter de descontar o dia das férias.

## O campo Assunto como mensagem

O campo Assunto do e-mail é cada vez mais usado como se fosse um torpedo. "A reunião é às 18" pode ser o e-mail inteiro.

**Para**: Plutão
**De**: O Universo
**Assunto**: Você não é mais um planeta

Uma evolução surpreendente são aquelas mensagens muito curtas que têm início no campo Assunto e que continuam no corpo do e-mail, mesmo que o remetente pudesse ter feito caber tudo no Assunto. Talvez seja um hábito advindo de torpedos e de mensagens instantâneas, mas, num e-mail, é irritante – o mesmo que abrir uma caixa enorme para encontrar um presentinho de nada.

**Para**: Divisores de mensagens
**De**: Leitores perplexos
**Assunto**: Por que raios...
...vocês fazem isso?

## Uma boa frase no campo Assunto pode fazer toda a diferença

Uma colega do Will queria entrar em contato com o Craig do site Craigslist, que oferece um serviço de classificados. Muita gente manda e-mails para o Craig.

Assim, ela fez uma busca na internet e descobriu que Craig recentemente dera uma entrevista na qual dissera que "Contar histórias é importante". Ela fez questão de colocar uma referência a "contar histórias" no campo Assunto do e-mail enviado para ele ("Assunto: Sim, contar histórias é muito importante"). Craig lhe respondeu de imediato. Embora Craig seja conhecido por ter o hábito de responder a milhares de e-mails, é bastante provável que a mensagem da colega de Will tenha despertado uma reação positiva por não ter sido superficial e nem entediante.

## Anexos

A possibilidade de anexar documentos, planilhas e imagens de diversos formatos é uma das vantagens do e-mail. No entanto, as pessoas anexam arquivos demais, e com muita freqüência, de documentos inúteis a fotos das férias que você não quer ver.

Antes de enviar um anexo, é preciso se perguntar se ele é realmente indispensável. Você poderia colocar no corpo do e-mail o material que deseja enviar? Poderia colocar as informações num diretório compartilhado ou numa página da internet e dar ao seu destinatário um link no corpo da mensagem?

Por que somos contra os anexos? Eles ocupam espaço valioso nos servidores; podem ser difíceis de visualizar em palmtops; carregam vírus; e algumas pessoas ajustam os filtros para pegarem mensagens com anexos. Assim, use-os apenas quando necessário e, por favor, não adquira o hábito de anexar o logotipo da empresa ou a representação gráfica da sua assinatura a cada e-mail que enviar.

Se você decidir enviar um anexo, avise aos seus destinatários do que se trata no campo Assunto ou no corpo do e-mail. Para tornar as coisas ainda mais claras, dê nomes úteis para os seus anexos. (Compare "CVdaFrancis.doc" com "CV.doc".) E lembre: se você não enche o guarda-roupa de outra pessoa com as suas coisas sem pedir, não vai abarrotar a memória do computador dela com arquivos gigantescos e misteriosos que talvez ela não queira e nem possa abrir.

## Os 11 anexos mais comuns

A *extensão* de um arquivo – as três ou quatro letras após o ponto – com freqüência se refere ao programa que cria e usa aquele tipo de arquivo. Geralmente descreve a maneira como os dados de um arquivo estão codificados na memória do computador. A maioria dos formatos roda em uma variedade de aplicativos; outros só funcionam com os aplicativos de uma única empresa.

- **.xls:** planilha do Microsoft Excel.
- **.ppt:** apresentação de slides do Microsoft PowerPoint.
- **.doc:** arquivo do Microsoft Word. Assim como arquivos .xls e .ppt, arquivos .doc também podem ser criados e abertos com softwares livres e de fonte livre como o OpenOffice.
- **.exe:** arquivo executável, ou seja, um arquivo que roda um programa quando aberto nos sistemas operacionais

Windows (aplicativos Mac possuem a extensão .app). Esses arquivos não devem nunca ser enviados sem a permissão do destinatário nem abertos sem que você saiba quem os mandou, pois têm o poder de se infiltrar e causar imensos estragos no seu computador e em qualquer outro que estiver ligado a ele em rede.

- **.dat:** arquivo que contém apenas dados brutos, tipicamente textos não formatados que incluem *carriage returns* (CRs, caracteres de "retorno de carro" ou de quebra de linha).
- **.pdf:** arquivo de formato exclusivo da Adobe, costuma tornar menor a alocação de memória de um documento. O Adobe Acrobat gera arquivos .pdf cujos impressos têm aparência sempre igual, independentemente da origem do documento. O Microsoft Word também gera .pdfs. A compressão com o .pdf é extremamente eficiente para documentos de texto (que consistem, tipicamente, de amplos campos em branco que podem ser abreviados na memória do computador), mas costuma ser ruim para imagens.
- **.jpeg, .jpg:** arquivo de imagem. O formato .jpeg (Joint Photographic Experts Group) reduz o tamanho do arquivo suprimindo (geralmente, de maneira imperceptível) algumas informações. Esse formato é melhor para comprimir imagens de alta resolução. A quantidade de compressão pode ser controlada pelo Photoshop, por exemplo.
- **.gif:** outro formato de imagem usado, em sua maioria, para fotografias, desenvolvido pela CompuServe para o envio de imagens (e animações) via redes. O formato .gif só suporta 256 cores, embora a maioria das imagens digitais atualmente tenha mais de 16 milhões. Pode haver perda de informações.

- **.bmp, .png:** dois outros formatos para imagens que são mais comuns hoje do que o .gif para fotografias digitais e afins. O .bmp foi desenvolvido para o Windows, mas muitos programas Mac também o suportam. O formato .png, tipicamente, atinge uma compressão como a do .gif, mas não possui a limitação do número de cores. Ambos são úteis para uma resolução de qualidade média.
- **.tiff, .tif:** Tagged Image File Format. Um formato que normalmente atinge pouca ou nenhuma compressão, ou seja: tende a ser grande. Como o .pdf, o .tiff não se desfaz de informações do arquivo (ex: detalhes ou cores numa imagem), como fazem o .jpeg e o .gif. O .tiff é útil para imagens de alta resolução. Outro formato – com a extensão .eps – também funciona bem para imagens de alta resolução. O Adobe Photoshop e o Microsoft PowerPoint permitem que os arquivos sejam salvos como .tiff, .gif, .jpeg, .eps, .bmp, .png, .pdf e outros formatos.
- **.htm, .html:** Hypertext Markup Language. Deve ser visualizado com um navegador para a web, como o Firefox. O .html se transformou no formato padrão para as páginas da internet por causa do seu protocolo padronizado para hyperlinks, o que permite imensa flexibilidade. Os navegadores possibilitam fácil acesso à visualização da fonte original das páginas web em .html.

Tenha muito cuidado: é possível renomear as extensões de um arquivo de maneira a fazê-lo passar imune por um firewall. O que parece ser um inofensivo arquivo .pdf pode ser um malvado .exe.

## Urgente, Confirmação de Leitura e Sinalização de Acompanhamento

Tente evitar tudo isso. O seu e-mail deve falar por si só. A urgência e o desejo de uma resposta ou de um acompanhamento podem ser facilmente transmitidos no campo Assunto e no texto da própria mensagem.

Alguns programas lhe permitem escolher entre essas opções quando você está escrevendo um e-mail. A primeira normalmente anexa um ponto de exclamação à sua mensagem. A segunda pede ao destinatário que clique numa caixinha para confirmar que recebeu o e-mail. A terceira não só pode acrescentar uma bandeirinha à linha da mensagem como pode passá-la para o começo da fila se o destinatário estiver usando um sistema de classificação.

O problema de todas essas opções é a sua presunção. Por esse motivo, o tiro pode sair pela culatra.

Antes de usá-las, pergunte-se:

### Urgente?

Para você ou para eles? Quem costuma acrescentar Urgente aos e-mails acaba desacreditado: se tudo é urgente, nada é urgente.

### Confirmar leitura?

Você realmente quer congelar os meus e-mails e me impedir de fazer qualquer outra coisa até eu clicar na caixinha que você anexou à sua mensagem para você saber que eu a recebi? (E se eu não quiser clicar? Você vai ficar na dúvida.) Para tornar as coisas ainda mais irritantes, se o destinatário concordar com a solicitação, ele vai estar, na verdade, acusando recebimento do e-mail e acionando um cronômetro virtual para ele próprio respondê-lo. É como receber uma intimação judicial.

### Acrescentar sinalização?

Você tem certeza de que o seu e-mail é mais importante do que o de todo mundo? Se não tem, guarde as bandeirinhas para as festas juninas.

Apesar dos conselhos dados por inúmeros especialistas em eficiência, muita gente usa essas sinalizações para marcar e-mails que receberam e leram mas querem responder mais tarde ou reler, transformando suas caixas de entrada em uma lista de "coisas a fazer". Aqueles que colocam sinalizações em e-mails enviados, no entanto, podem acabar vendo o e-mail sinalizado perdido num mar de bandeirinhas já hasteadas pelo destinatário, ao passo que um e-mail sem sinalização teria aparecido no lugar de sempre dos e-mails novos.

## Tipo de fonte, tamanho e cor

Em pesquisa recente, muitos funcionários disseram que não entrevistariam um candidato se não gostassem da fonte usada no currículo. Um número ainda maior disse que expressaria o seu descontentamento a um colega se discordasse da escolha de fonte feita por ele.

Atualmente, com a imensa lista de fontes disponível nos computadores, é tentador tentar transmitir um tom e expressar individualidade escolhendo uma fonte mais incomum do que a Arial (a favorita do Reino Unido) ou a Times New Roman (a escolhida dos EUA). Papyrus, American Typewriter e Impact, só para mencionar algumas, todas oferecem efeito imediato, dando às palavras um significado a mais.

Compare a Arial:
Cheguei.

À Broadway:

**Cheguei.**

À Chalkboard:

Cheguei.

E à Blachmoor:

**Cheguei.**

A primeira faz uma declaração; a segunda grita o fato; a terceira produz um efeito descontraído; e a quarta indica ao destinatário que um colar de alho, uma bala de prata e uma cruz de madeira devem ser mantidos bem à mão.

Por mais tentador que seja brincar com a ampla gama de fontes disponíveis, só é sábio fazer isso se você trabalha numa área muito criativa e está escrevendo para gente que aprecia o excêntrico. O bom senso dita: o meio jamais deve se sobrepor à mensagem.

O bom senso também lhe diz que o que você escreve precisa ser legível. A norma para e-mails comerciais é tamanho de fonte 12; corpo 8 é pequeno demais e 16 ou mais são inadequados, a não ser que você a esteja escrevendo a alguém com deficiências visuais. Além disso, o que você vê na tela pode não ser o que o seu destinatário irá ver.

Quando o assunto é cor, atenha-se ao preto, simplesmente porque é a cor mais fácil de ler (a não ser que você esteja respondendo para alguém e precise que a linguagem que acrescentou seja facilmente diferenciada da dele). Em casos assim, escolha o azul ou o vermelho. Saiba, no entanto, que muitos palmtops ainda não exibem cores em e-mails.

Com relação ao fundo ou a papéis de parede eletrônicos, nenhum dos dois é apropriado para mensagens sérias.

## Saudações iniciais

Fala!
E aí?
Ei, amigão!
Amigos residentes do Planeta Terra,
Senhor/senhora,
Caro/Cara,
Prezado leitor:

A saudação inicial é a primeira e, provavelmente, mais importante oportunidade de mostrar aos seus correspondentes como você vê a relação com eles. Uma saudação inadequada vai influenciar tudo o que vier a seguir.

### A medida da formalidade

Se você não conhece a pessoa, trate-a sempre com certa formalidade. No entanto, o hábito de se dirigir às pessoas pelo nome completo – como Sr. Kevin Bacon, por exemplo, em vez de simplesmente Kevin – deixa a correspondência com cara de mala direta. Você cumprimentaria alguém assim: "Olá, Sr. Kevin Bacon"? Então não deve iniciar um e-mail ou carta dessa forma.

E nada de dois pesos e duas medidas. Isso pode parecer óbvio, mas acreditamos que vale a pena repetir, pois já ouvimos um número suficiente de histórias contadas por mulheres que receberam tratamento informal quando seus colegas receberam tratamento apropriado.

Para os mais jovens: se você estiver escrevendo para alguém mais velho, é uma boa idéia se dirigir a esse indivíduo de maneira formal desde o início. Para os mais velhos: não é sinal de desrespeito se uma pessoa mais jovem lhe enviar um e-mail que não contenha um cumprimento ou que seja excessivamente informal. Se, ainda assim, você se opõe a esse tratamento e se sente confortável em dizê-lo, deixe que o seu correspondente o saiba.

## Títulos honoríficos

Use títulos quando apropriados – doutor, senador, cardeal, professor, e assim por diante. Sinta-se à vontade para ignorar todos os usos de Ph.D. (Um conselho: se você tiver um, não coloque antes do seu nome numa mensagem. Em geral fará mais mal do que bem.)

## Caro/Cara

Quanto à questão de qual palavra deve introduzir o nome, "Caro/Cara" é sempre aceitável e sempre correto. Antigamente, quando as cartas ainda eram a principal forma de comunicação, havia mais variações disso.

"Querida/Querido" eram usados para se dirigir a um amigo próximo ou amante. E, durante séculos, "senhor" e "senhora", sem qualquer nome depois, foi o tratamento apropriado, em especial ao se escrever para quem não se conhecia. Dirigir-se às pessoas pelo primeiro nome é um progresso relativamente recente, o marco de uma cultura cada vez mais informal.

Por algum motivo, pessoas que, numa carta, jamais escreveriam "Su" ou "Tim" ou "Sr. Smith" sem uma palavra de cordialidade não sentem a menor hesitação em fazê-lo num e-mail. O e-mail é uma forma mais urgente de comunicação e nós temos muito mais e-mails para responder a cada dia do que cartas. No entanto, nos parece grosseiro berrar o nome de alguém dessa maneira, mesmo num e-mail, especialmente se você não conhece a pessoa com quem está se correspondendo. Da mesma forma, "Ei", "Oi", "Fala", quer sozinhos ou antes de um nome, devem ser utilizados com cautela.

## Várias pessoas

Outro problema freqüente em e-mails é como se dirigir a vários destinatários. (Quando se trata de um único destinatário, com muitas Ccs, só é necessário se endereçar a ele.) Aqui, a escolha de um cumprimento é particularmente importante porque, com ele, você explica por que todas essas pessoas – algumas, presumivelmente, de níveis hierárquicos diferentes – foram agrupadas lado a lado para receber algo de você.

"Caros colegas" é aceitável, assim como "Queridos amigos" ou "Prezados colegas" ou "Caros clientes" ou "Prezados acionistas" e outros. "Caros colegas que participaram da campanha de doação de sangue" proporciona informações sobre o que virá a seguir. "Para aqueles que riram durante a cerimônia fúnebre" não só proporciona informações como estabelece o tom. Hoje quase não há mais motivo para começar uma carta com o clássico e vago "A quem interessar possa".

Se não há forma sucinta de se dirigir ao grupo, há uma palavra que pode ser considerada inofensiva, cordial e não muito informal: "Saudações!"

## Quem é você?

Endereços eletrônicos, ao contrário do endereço do remetente em envelopes, não costumam dar dicas sobre a identidade de quem escreve. (Algumas vezes isso é intencional; outras, não.) O berlim20014@provedor.org não lhe dirá como se dirigir à pessoa que "mora" nesse endereço eletrônico. E só porque você recebe um e-mail de nico@enviar.edu não significa que pode escrever "Querido Nico" se não o conhece. Na realidade, é possível que Nico nem seja o nome de quem enviou o e-mail; pode ser o nome do gato do remetente ou letras aleatórias. Nesse caso "Saudações!", apenas, é o mais adequado. Se o destinatário não gostar desse cumprimento, quando ele responder ao e-mail vai assinar da maneira como quer que você se dirija a ele da próxima vez.

### Como dizer @ em várias línguas

Os falantes de inglês chamam a @ de *at* ("em", "para"). Os falantes de alguns idiomas os seguiram; outros, no entanto, tiveram idéias diferentes. A seguir, alguns exemplos tirados do site Herodios.com:

- Tcheco: *Závinaĉ*, que significa um arenque enrolado em volta de um picles.
- Dinamarquês: *Snabel-a*, "tromba de elefante".
- Holandês: *Apestaartje*, "rabo de macaquinho", mas, às vezes, *Apeklootje*, uma palavra grosseira que se refere a outra parte da anatomia do macaco.
- Húngaro: *Kukac*, "minhoca" ou "larva de inseto".
- Italiano: *Chiocciola*, "caracol".
- Mandarim (Taiwan): *Xiao Lao Shu*, "ratinho", ou *Lao Shu Hao*, "sinal do rato".
- Russo: *Sobachka*, "cãozinho".
- Tailandês: *Ai tua yiukyiu*, "minhoca serpeante".

## Não force a barra

Já recebeu um e-mail assim de alguém que nunca viu na vida?

> **Para**: Arturo Toscanini
> **De**: Zé da Silva
> Querido Arturzinho,
> Podemos marcar uma hora para eu lhe falar das nossas novas batutas?
> Zé

Se alguém neste nosso mundo excessivamente plano (e excessivamente atrevido) tomou liberdades com o seu nome – dirigiu-se a você com um cumprimento inadequadamente familiar num formulário de pedido de emprego, por exemplo –, escreva de volta usando nomes completos com títulos. Talvez, então, a pessoa se dê conta de que julgou mal o seu destinatário.

Você poderá escrever o seguinte:

Prezado Sr. Silva,
Muito obrigado, mas não estou interessado.
Arturo Toscanini

E se alguém responder de maneira formal ao *seu* e-mail informal, vista a carapuça.

## Deixe as coisas como estão

Uma vez que vocês passarem a se tratar de uma maneira mais informal, é um erro voltar a um tratamento mais formal. Essa atitude sugere claramente um esfriamento da amizade. Se você fizer isso de propósito, será um sinal de que algo de muito sério aconteceu e você não acredita mais ser possível manter um tom amigável com o seu correspondente.

## Sem saudações iniciais

Há muitas ocasiões em que faz sentido enviar um e-mail sem saudações. Uma mensagem recebida sem saudações lhe dá o direito de enviar uma resposta do mesmo tipo. Se o remetente não o cumprimenta num e-mail no qual ele lhe pede o endereço de uma reunião, não há nada de errado em responder apenas fornecendo a informação, em especial porque o acréscimo de uma saudação poderá sugerir uma crítica à falta de uma por parte do outro.

(É importante lembrar que toda empresa possui as suas próprias regras internas e informais. Em alguns lugares, o "Caro/ Cara" costuma fazer parte dos e-mails internos; em outros, você raramente o vê. E, em muitos lugares, de fato usam "Oi", "Ei" e nomes ou apelidos "gritados": "CRIS!", "DANIEL!", "MEL!")

E-mails entre colegas costumam ser encarados como parte de uma conversa contínua e não exigem uma saudação. Isso é apropriado quando os colegas estão no mesmo nível hierárquico, mas não quando você se encontra num nível intermediário e está escrevendo para alguém que se encontra no topo da organização – mais uma vez, até isso varia de uma cultura empresarial para outra.

É óbvio que outra ocasião para dispensar as saudações é quando se está respondendo à mensagem de um amigo próximo, em que não existe a menor chance de ofendê-lo. Também é aceitável omitir o cumprimento em um e-mail que faz parte de uma seqüência mais longa. Se você escrever "Prezada Maria" e ela responder "Prezado Oscar" e, a seguir, você responder a ela, pode simplesmente ir em frente, contanto que o conteúdo anterior seja enviado com a sua nova resposta. O seu "Prezada" inicial passará para os próximos e-mails dessa seqüência. Se você encontrasse Maria na rua, a cumprimentaria dizendo "Oi, Maria". Ela talvez respondesse "Oi, Oscar". Se ela continuasse a repetir o seu nome ou você, o dela, a troca se tornaria, no mínimo, peculiar e, na pior das hipóteses, irritante. O mesmo ocorre com seqüências de e-mails.

Temos de confessar que, no final das contas, quando estamos tentando responder a todo mundo que nos escreve, já respondemos sem cumprimentar gente que provavelmente merecia uma saudação. Mas nós também aprendemos a reconhecer essa omissão pelo que ela de fato é: a manifestação do nosso cansaço e de nossa impaciência, e um sinal de que talvez seja melhor desligar o computador e dar o dia por encerrado, ou tomar uma xícara de café e começar do zero.

## Despedidas

A linguagem usada no e-mail tende para a informalidade. Em geral você sabe quem é o remetente (está bem ali, no campo De). Por esses motivos, muita gente e muitas culturas empresariais eliminam as despedidas, em especial no caso de comunicações internas e das que terão continuidade.

Dito isso, não devemos desistir das despedidas ainda. Elas dizem para cada uma das partes algo sobre a natureza do relacionamento. Também lhe dão a oportunidade de revelar aos seus destinatários como você deseja que se dirijam a você. Além de poderem evocar aquela sensação gostosa de escrevermos (e recebermos) uma carta de verdade.

A despedida contém duas partes: a palavra ou as palavras que precedem o seu nome (o encerramento), e a forma como você apresenta o seu nome, a assinatura.

### Encerramentos

"Sinceramente", "Cordialmente", "Atenciosamente", "Att", "Abraços", "Abs", "Beijos", "Bjs" – todos são encerramentos tradicionais usados em e-mails. E todos, com exceção dos quatro últimos, podem ser usados numa carta comercial formal.

O mais importante é se certificar de que você não seja inadequadamente formal nem informal. Se alguém lhe enviar e-mails, repetidamente, terminados com "Bjs" e você terminar as suas respostas com "Atenciosamente", vocês provavelmente têm noções diferentes sobre a natureza do relacionamento. Lembre-se, também, de que, da mesma forma que ocorre com primeiros nomes e saudações cordiais, uma vez que se desenvolva um relacionamento, ficará sinalizada uma mudança se ele esfriar. Um correspondente que estivesse merecendo um "Abração!" poderia se perguntar o que fez de errado se subitamente fosse rebaixado a "Cordialmente".

Com isso vem o problema de tentar se manter a par de em que pé você se encontra com cada pessoa. Há duas formas simples de fazer isso. Uma é escolher um encerramento e se ater a ele uma vez que atingir certo nível no relacionamento. Outra estratégia é usar o mesmo que o seu correspondente usou. Mas isso não ajuda você a começar uma troca e pode colocá-lo em lençóis muito piores do que deseja estar. Você pode se ver em "Beijos" quando só está se sentindo "Att". Para complicar, há a sensação de que, quando alguém está sendo afetuoso demais com você, pode ser grosseiro não retribuir o sentimento.

## Espelho, espelho meu

Espelhar ou imitar as ações do seu correspondente é uma ótima forma de superar os efeitos de distanciamento do e-mail. Quer seja uma saudação inicial ou um encerramento, o ideal é tentar responder no mesmo tom que o seu correspondente para estabelecer uma relação.

Os benefícios do espelhamento se aplicam a todos os aspectos de sua correspondência via e-mail: a escolha das palavras, o tamanho da mensagem, a estrutura das frases e a rapidez da resposta. O espelhamento é importante, também, com relação ao conteúdo. Você não vai querer responder a um e-mail detalhado e substancial apenas com brincadeirinhas superficiais. Pior, se você responder no mesmo nível de conteúdo do e-mail mas não espelhar as brincadeirinhas, estabelecerá um tom muito hostil.

Por exemplo:

**Para**: Michel
**De**: Clarissa
Fala, Michel! Tudo bem?. Estou escrevendo apenas para saber quando o programa de televisão do Joel começará a ser

transmitido. As coisas têm andado turbulentas por aqui. Espero que você não esteja muito enlouquecido no trabalho.
Abs,
Clarissa

**Para**: Clarissa
**De**: Michel
Prezada Clarissa,
7 de julho.
Cordialmente,
Michel

O espelhamento tem uma prima, a consistência. O e-mail de Michel pareceria ainda mais frio se ele tivesse uma história ininterrupta de e-mails longos e cordiais escritos para Clarissa.

Oscar Wilde trocou, durante a vida toda, cartas afetuosas e divertidas com o seu amigo Robert Ross. Assim, quando Wilde escreveu para Ross "O tom profundamente burocrático da carta de sua autoria que acabo de receber me deixa temeroso de que terríveis emoções lhe tenham feito refém e que ela seja, meramente, a calmaria que oculta a tempestade", Wilde não estava sendo paranóico. Ross estava, quase que certamente, zangado com Wilde. E ele transmitiu isso não com palavras raivosas, mas com a ausência de sua costumeira afetividade.

Se você é dado a correspondências longas e amistosas, vai deixar os seus destinatários preocupados se as suas mensagens subitamente se encurtarem e tomarem contornos mais formais.

## Assinatura

Você deve manter duas coisas em mente se escolher digitar seu nome ao final de um e-mail.

Primeiro, assim como no caso da saudação inicial e do encerramento, a forma com que você apresenta o seu nome comunica aos seus destinatários como se vê com relação a eles. Henry Ford é diferente de Henry ou Hank.

Segundo, a sua assinatura diz às pessoas como você gostaria de ser chamado. É uma boa forma para, digamos, uma Elizabete dizer aos outros se gosta de ser chamada de Lili ou Bete – ou Elizabete.

### Bloco de texto da assinatura

Se você quer que as pessoas o encontrem com facilidade, um bloco de assinatura com o nome completo, cargo e informações de contato é útil, sobretudo se a pessoa a quem você está escrevendo disponibilizou as mesmas informações.

Como regra geral, se você está escrevendo para alguém, quer alguma coisa dele e deseja que ele responda, é inteligente e cortês incluir o contato ao fim do texto do seu e-mail. Se você está escrevendo para alguém e não quer que essa pessoa tenha o seu contato, lembre-se de remover o bloco de assinatura antes de clicar em Enviar.

| Os elementos que podem constar de um bloco de assinatura |
| --- |
| Nome completo<br>Cargo<br>Empresa<br>Endereço |

Telefone
Fax
E-mail
Página da internet
Logomarca
Marketing gratuito*
Detalhe especial relevante**

* Algumas empresas usam este espaço para promover e mostrar imagens de seus produtos. ("Experimente o novo sabor do sorvete X neste verão!")

** Por exemplo, pessoas que viajam muito podem diminuir a confusão dizendo aos seus destinatários exatamente onde se encontram.

## Avisos de confidencialidade

A última década se caracterizou pela multiplicação das cafeterias Starbucks, dos alimentos orgânicos e de avisos de confidencialidade ao final de mensagens que você recebe de advogados, contadores e outros profissionais que lidam com informações sigilosas. Acreditamos que essas mensagens de rodapé tenham saído do controle e informamos, em especial aos advogados, que a capacidade de compor tais avisos de forma *concisa* diz muito sobre sua competência profissional. Algumas empresas já tentaram lançar mão de gracejos para compensar a natureza desajeitada desses avisos: "E agora, amigos, vamos ao aspecto legal da coisa." Se for seguir essa abordagem, assegure-se de que ela reflita a cultura da sua empresa.

:: CAPÍTULO 3 ::

# Como escrever um e-mail perfeito

>> Por ser uma mídia que pode sofrer buscas e ser armazenada, o e-mail precisa ser composto com especial cuidado. O fato de você estar escrevendo com rapidez nunca antes imaginada torna a situação ainda mais exasperadora, assim como a ilusão de que o e-mail, por ser eletrônico, é de alguma maneira mais efêmero do que, digamos, uma carta.

Além disso, como *muitas vezes* é aceitável certa negligência com relação às regras gramaticais em e-mails, existe o conceito equivocado de que essa negligência é *sempre* aceitável. Não é o caso. Não vamos oferecer, aqui, um guia de redação e estilo – muitos livros já o fizeram, e bem. O que vamos fazer é dar uma idéia das implicações de correr riscos lingüísticos em e-mails e examinar as armadilhas estilísticas peculiares a essa mídia.

## Escolhendo as palavras certas

Em japonês, o status da pessoa para a qual você está escrevendo determina a escolha das palavras. Uma frase direcionada a uma pessoa do mesmo nível social, por exemplo, requer palavras diferentes das direcionadas a alguém que se encontra acima ou abaixo de você. (Você fala de um jeito com o seu chefe, de outro com um colega e ainda de outro com uma criança.) Aprender japonês, portanto, significa aprender inúmeras maneiras de dizer a mesma coisa. A necessidade de acertar a forma a ser usada é um dos elementos que dificulta a aprendizagem do japonês para os ocidentais.

O que muita gente não leva em consideração, no entanto, é que nesse aspecto o português pode ser mais complicado do que o japonês, exatamente porque não existem diferenças tão marcantes para indicar sua relação social com a pessoa a quem você está se dirigindo. Em muitos casos, é o tom da conversa que demonstra deferência ou familiaridade.

Mais do que qualquer outra coisa, o vocabulário transmite o tom e revela você como chefe ou subordinado, comprador ou vendedor, aprendiz ou sábio. As palavras escolhidas por você podem ser formais, informais ou intermediárias; podem estar no sentido literal ou figurado; podem ser precisas ou vagas; brandas, corretas ou exageradas; simples ou complexas; comuns ou rebuscadas; prosaicas ou poéticas; estar em forma abreviada ou não.

É verdade que algumas palavras são inerentemente mais seguras do que outras, mas se você nunca se aventurar para além delas, vai se transformar em mais um correspondente pouco digno de lembrança, abrindo mão da chance de criar uma boa impressão com o seu e-mail. Pense na sua própria caixa de entrada. Enquanto você navega por um mar de e-mails, não fica esperando que um deles salte diante dos seus olhos? Depois de ler sempre as mesmas mensagens, você anseia por alguma coisa vinda de alguém que se demorou escolhendo palavras que tenham personalidade em vez de simplesmente plagiar expressões do léxico comercial moderno. O truque é ser intenso e específico sem se esquecer do seu relacionamento com a pessoa para quem está escrevendo.

No nível mais elementar, a questão é a seguinte: antes de posicionar os dedos sobre o teclado, faça-se uma pergunta (e não escreva nada até ter a resposta): *qual é o meu relacionamento com a pessoa para quem estou escrevendo?* A seguir, assegure-se de que a escolha de palavras seja adequada.

Michele, de 12 anos, observa o seguinte sobre escrever e-mails para os amigos (cujos nomes foram alterados):

> A maioria dos e-mails é bem curta, mas eles podem ser bastante longos. Na verdade, eu só tenho trocado mensagens com duas amigas, e as duas têm estilo próprio. A Camila escreve e-mails curtos e pouco freqüentes, e eles costumam ser sobre coisas como mangás e viagens. Os e-mails da Ana, por outro lado, são bastante longos e regulares. A gente costuma trocar, ao mesmo tempo, mensagens sobre vários tópicos, embora meninos acabem sempre entrando na conversa num momento ou em outro. Meninos, livros, meninos, viagens, meninos, esportes, meninos, questões familiares, e, será que eu já mencionei que meninos são um assunto de grande importância? E a gente sempre termina o e-mail com o nome.
>
> Ah, e existe quase que um acordo silencioso de que a pessoa praticamente tem de concordar com tudo e apoiar o que a outra diz. É sinal de educação, e, se você não fizer isso, a outra fica furiosa e talvez pare de escrever.

Eis uma troca de e-mails entre Michele e Ana, seguida de observações feitas por Michele mostrando a ligação entre a escolha das palavras, o estilo e o tópico:

> Oi Michele!
> A mamãe está me forçando a fazer exercícios tipo agachamento e outras porcarias e a fazer dieta porque diz que eu estou gorda. Sacanagem!!! :( :( :( :( !! Mas eu até que gosto de jogar basquete, apesar de ser baixinha. E jogo bem! Caraca!

Eu estava jogando ontem, quando um garoto LINDO chegou de bicicleta. Eu errei o arremesso, mas ele disse que foi por pouco e que eu jogava bem. Aí ele deu um sorriso lindo e foi embora. Fazia muito tempo que eu não via um cara tão gato. Onde é que eles se escondem? :(
Ana

Fala Ana!
Cara, muita maldade a sua mãe dizer que você está gorda! Você não está nem um pouco gorda!* E ter que fazer coisas tipo agachamentos e porcarias do tipo! Eu MORRERIA! Eu odeio malhar, é um saco.** Mas, caraca! Você viu um gatinho!! Que maneiro! O único cara realmente lindo que eu vi nos últimos tempos foi o Jaime, mas ele é tão lindo que eu nem ligo para ele. Ha ha ha!! Talvez você veja ele outra vez, aí chama ele para sair, ou algo assim. E não se preocupe, :) você logo, logo vai ver umas coisas fofas por aí, eu aposto. Tenho que ir!
Até mais ;)
Michele

* A gente é sempre legal com a outra e discorda completamente dos pais da amiga. – Michele

** Palavrinhas vulgares surgem com bastante freqüência. – Michele

Michele, mais uma vez, faz um comentário sobre escrever e-mails para os pais:

Quando adolescentes (eu e meus amigos) escrevem uns para os outros, é bastante diferente de quando escrevem para adultos. E tem uma grande diferença entre crianças, adolescentes e adultos em estilo e assuntos.

Oi Papai!
Como você está? Eu estou bem, mas com muita saudade de você! O tempo aqui está frio e chuvoso, o que é muito chato. Aposto que está lindo e ensolarado em Los Angeles. Que inveja! Estou pensando em escrever outra história para aquela coluna do jornal. Você sabe, aquela coisa bem descritiva. Tem alguma idéia sobre o que eu posso escrever? Sinto sua falta. Te amo!!
Beijos,
Michele

Viu? É muito educado e se concentra em coisas fáceis como o clima e em como a gente está se sentindo. Ah, e nada de meninos ou de sentimentos muito íntimos. Além de não conter UM termo vulgar sequer.

Infelizmente, nem todo mundo tem tanto discernimento quanto Michele. Já recebemos cartas de pessoas à procura de emprego que minaram seriamente as suas chances porque a linguagem usada era muito cheia de gírias ("um saco"), íntima ("parceiro") ou, simplesmente, bizarra ("espetaculérrimo").

Além disso, palavras que não fazem parte do vocabulário de quem está escrevendo, selecionadas para impressionar, normalmente chamam muito a atenção. Uma amiga de Will escreveu, numa solicitação de admissão para uma universidade, que a mesma lhe agradara "por ser não sectarista", um termo que ela havia notado no folheto da universidade. Mais tarde, na entrevista, quando lhe perguntaram por que era importante para ela freqüentar uma faculdade não sectarista, ela se viu forçada a confessar que não tinha a menor idéia do significado da palavra. Não foi aceita.

Escolhas ruins, no entanto, não são privilégio de estudantes. David recebeu o seguinte e-mail do escritório de RP da faculdade de Direito de uma das mais prestigiosas universidades americanas, justamente no dia em que escrevíamos este capítulo (os nomes foram suprimidos para proteger os culpados):

> Prezado Sr. Shipley,
> Encaminhei o seguinte para o editorial... há várias semanas. Por se tratar de uma questão muito coetânea, estou reenviando o texto para a sua apreciação.

Não use palavras se você não sabe o que significam. Quanto mais complicado o termo mal empregado, pior é a impressão que passa. Fica ridículo quando alguém usa uma palavra difícil de forma incorreta. Algumas funcionam como verdadeiras armadilhas para quem quer soar elegante.

Lembre-se, também, de que o vocabulário muda de acordo com o contexto. Em determinada empresa, palavras obscuras podem fazê-lo parecer inteligente e bem instruído; em outra, essas mesmas palavras podem rotulá-lo de esnobe. Se você é o chefe, as suas palavras ficarão sob especial escrutínio – uma linguagem mais erudita poderá sinalizar aos funcionários que você valoriza a inteligência ou poderá soar condescendente e pedante. Sempre que você enviar um e-mail, precisa levar em conta o seu relacionamento com a pessoa com quem está se comunicando e a cultura da sua empresa.

Um momento de reflexão pode levá-lo a substituir uma palavra por outra que indique mais diretamente a sua intenção.

## Erros ortográficos

Se a escolha cuidadosa das palavras é o objetivo final, então a escolha acidental de uma palavra é a maior das armadilhas. Existe uma grande diferença entre uma ortografia sofrível, que transmite desleixo, e uma que produz uma palavra inteiramente nova da que era a sua intenção inicial. À medida que as pessoas foram aprendendo a confiar nos programas de correção ortográfica dos computadores, também foram ficando cada vez mais suscetíveis a criar documentos nos quais uma palavra inteiramente inadequada era incluída no texto. Quando a palavra está obviamente errada ("evniar" em vez de "enviar"), o destinatário provavelmente vai imaginar que você apenas deixou de revisar o documento. Entretanto, quando uma palavra apresenta um erro mais sutil, na melhor das hipóteses, ele vai pensar que você ignorava o sentido da palavra que usou; no pior dos casos, achará que a palavra errada foi mesmo a escolhida e o julgará mal.

Um computador não vai apontar um erro em "afeito" quando você quis dizer "efeito". E se você quer levar a namorada a um show de rock e, sem perceber, diz por e-mail que vai levá-la *para o conserto* em vez de *para o concerto*, as conseqüências podem ser desastrosas.

Certa vez, um amigo recebeu um e-mail que dizia:

> estou e, Pqris tentqndo pro,over uns 3 livros-teclqdo frqnces sqcqnq e perdoe os erros: escrevo no fi, de se,qnq: Clips chegou, hoje ,uito obrigqdo.

Esse é um exemplo engraçado do que poderia ter sido, de outra maneira, uma desastrosa correspondência. Foi perdoada porque o sentido permanece claro, foi trocado entre amigos e os erros ortográficos estão espalhados e foram apontados de forma brincalhona. Não estamos querendo dizer que um erro de ortografia nunca possa ocorrer, mas tenha consciência de como será recebido quando o fizer.

## Estruturas gramaticais

A estrutura das frases é tão importante para determinar o tom quanto a escolha de palavras. As mesmíssimas palavras, se combinadas de maneira diferente, podem ou não significar a mesma coisa. Mas, mesmo que queiram dizer a mesma coisa, podem ou não transmitir o mesmo tom. Isso não está restrito ao e-mail, pois escrever bem independe da mídia.

Mesmo aqueles que fazem bom uso das regras gramaticais podem cair em armadilhas. Uma oração simples pode ser direta, sem maiores enfeites e perfeitamente apropriada. Ou, então, pode passar uma mensagem infantil ou ditatorial. Uma oração complexa pode soar informal ou elegante; mas também pode parecer vazia ou pomposa.

Para construir estruturas gramaticais de maneira eficaz, tenha em mente o seguinte:

1. Frases simples, curtas e repetitivas geram intensidade.
2. Períodos complexos, repletos de orações e ritmos variados costumam suavizar a mensagem.

### Por favor, obrigado e outros termos insultantes

Se o bom senso lhe diz que acrescentar "por favor" ou "obrigado" a um e-mail sempre o tornará mais educado, ele pode estar errado.

"Você poderia, por favor, se lembrar de me incluir no e-mail sempre que responder a um cliente?" transmite exasperação. Isso já lhe foi dito antes, é o que diz. Por que é que você não consegue se lembrar? É tão difícil assim?

"Por favor" é uma expressão escorregadia. Embora sejamos ensinados, desde muito cedo, a usá-la sempre que desejamos alguma coisa, é quase impossível empregá-la na escrita sem soar antipático. A melhor opção é, simplesmente, omiti-la. "Lembre-se de me incluir..." funciona perfeitamente bem.

"Obrigado" é bem menos complicado de usar se você se lembrar de uma regrinha simples: é apropriado logo após a realização de um favor; ranzinza quando usado antes. "Obrigado por se empenhar para que eu recebesse o relatório" funciona bem. "Obrigado por se empenhar para que eu receba o relatório" é uma ordem mal disfarçada de gratidão prematura.

## Pontuação

Quando você está escrevendo um e-mail e tem intimidade com o seu correspondente, ser negligente não é algo grave. Em se tratando de palmtops e mensagens instantâneas, as regras são ainda mais frouxas.

É útil lembrar que a pontuação se originou como uma ferramenta para facilitar a leitura. Foi desenvolvida numa época em que qualquer um que sabia escrever escrevia à mão. A pontuação era um bote salva-vidas num oceano de caligrafias ilegíveis e borrões de tinta. O e-mail, por sua vez, é completamente legível. Em geral, é possível compreender o que alguém está tentando lhe dizer mesmo se os pontos e vírgulas forem ignorados e não houver parágrafos.

Ainda assim, uma pontuação relaxada pode causar mais danos que equívocos com maiúsculas e minúsculas. A pontuação é, em alguma medida, governada pelo seu relacionamento com a pessoa para quem você está escrevendo. Se ela está hierarquicamente acima, pontue corretamente. Se o e-mail que você recebeu estava pontuado corretamente, o seu correspondente merece o mesmo.

A velocidade, a fluidez e os vaivéns do e-mail facilitam a entrada de toda a espécie de tiques de pontuação na nossa escrita. Observe, por exemplo, o crescimento (desconcertante) do uso de reticências. "Vejo você semana que vem..." ou "Podemos discutir isso na reunião...". Entendemos que o e-mail é, com freqüência, uma conversa contínua, mas o que há de tão errado com o ponto final?

Um comentário: não é apropriado relaxar na pontuação em cartas ou memorandos. Além disso, lembre-se de que, mesmo em e-mails, se você omitir uma vírgula importante, por exemplo, poderá mudar totalmente o significado de uma frase.

### Os perigos da ausência de pontuação

Um amigo trabalhava num escritório onde uma guerra eclodiu por causa de um ponto final ausente em um e-mail. A mensagem em questão dizia:

Não agradeço a você.

Devia ter dito:

Não. Agradeço a você.

## Parágrafos

Mantenha-os curtos. De outra forma, ninguém conseguirá ler os seus e-mails facilmente numa tela de computador.

Abra parágrafo quando mudar de assunto.

A questão ou instrução-chave não deve nunca ficar perdida num parágrafo longo.

Não tenha medo de espaços vazios.

## Maiúsculas

Quando as palavras aparecem em CAIXA ALTA significa que quem escreve ESTÁ GRITANDO COM VOCÊ. Como ninguém gosta que gritem com a gente e as pessoas costumam gritar quando querem vencer por meio da intimidação e não da razão, é uma boa regra jamais compor e-mails inteiros com maiúsculas, nem mesmo os mais alegres. Para início de conversa, ficam muito mais difíceis de ler, pois não estamos acostumados a ler grandes blocos de texto em caixa alta. E raramente é uma boa idéia colocar termos pejorativos (IDIOTA, por exemplo) em maiúsculas. Essas palavras ficam muito mais pesadas quando escritas dessa forma.

(Você pode, no entanto, destacar uma ou outra palavra em sinal de alegria ou celebração. VIVA é uma palavra que se pode, muito apropriadamente, colocar em maiúsculas. É uma palavra ruidosa que ninguém se importa em ouvir ser gritada. O mesmo se aplica a PARABÉNS.)

Se você quer realmente irritar alguém, usar caixa alta é uma forma muito eficaz de fazê-lo. Um estudo realizado com usuários de e-mail nos Estados Unidos e na Grã-Bretanha descobriu que o abuso de maiúsculas era aquilo que mais irritava os que recebiam e-mails. (E-mails que transmitem um tom excessivamente amigável também entraram na lista dos mais irritantes, mas só no Reino Unido.)

Estranhamente, escrever só com minúsculas não indica o oposto de gritar – ninguém acha que você está sussurrando quando se abstém de usar maiúsculas, e sim que você é preguiçoso demais para apertar Shift de vez em quando. Assim como no caso dos erros de digitação e das abreviações, as pessoas tendem a ser mais clementes com relação a isso quando sabem que você está enviando a mensagem de um aparelho móvel. Existe, no entanto, uma informalidade subentendida em toda comunicação escrita totalmente em caixa baixa. Em geral, costuma ser aceitável quando usada por um empregador para o colaborador, mas não ao contrário; entre amigos ou colegas; e, especialmente, em respostas muito curtas. Mas isso é muito específico ao ramo de trabalho de cada um. Na dúvida, use as maiúsculas normalmente, sobretudo se alguém lhe escreveu dessa maneira.

### Eu odeio Caps Lock

Se você já digitou um longo e-mail pensando que estava usando caixa alta e caixa baixa e, depois, olhou para a tela e descobriu que a coisa toda saiu em maiúsculas, conhece o ódio pelo Caps Lock. Essa tecla fácil de ser pressionada sem querer também pode atrapalhá-lo quando estiver tentando digitar uma senha do tipo que diferencia maiúsculas de minúsculas.

Mas há esperança. Você pode programar o seu computador para desligar o Caps Lock após determinado tempo ou para bipar toda vez que você o pressionar. Pode até desabilitá-lo completamente. Para descobrir como fazer essas coisas, é só buscar "caps lock" na internet. Você encontrará muitas dicas sobre como neutralizar aquele que parece ser o mais odiado item do teclado.

## Emoticons

Embora não sejamos mais adolescentes, gostamos de emoticons e acreditamos que eles têm lá sua utilidade. Carinhas felizes pictográficas e aquelas criadas com sinais de pontuação – ☺ e :) – podem incomodar muita gente, mas nos fazem sorrir. Emoticons são uma tentativa de dar uma face humana a uma comunicação rápida e sem rosto. Nós também adoramos toda a família de emoticons, embora tenhamos de admitir que algumas de suas manifestações têm o poder de nos deixar perplexos pelo que representam e pelas ocasiões em que deveríamos usá-los. Por exemplo: ==) :-)= pretende ser Abraham Lincoln e :OI é boca cheia.

Emoticons são úteis:

1. Em torpedos, mensagens instantâneas e e-mails rápidos.
2. Se você quer ser simpático, irônico ou engraçadinho com quem já estabeleceu uma correspondência eletrônica amistosa. Você certamente pode usá-los com quem já usou emoticons com você.

No entanto, jamais disponha de emoticons quando:

1. Estiver escrevendo qualquer tipo de e-mail ou mensagem eletrônica formal.
2. Estiver tentando compensar uma alfinetada, uma piada pesada ou um comentário sarcástico; o acréscimo de um emoticon não garante que ninguém vá sair magoado.

### Pontos de exclamação!!!!!!!!!!!

Um sinal de pontuação encontrou nova vida com a popularidade dos e-mails: o ponto de exclamação. As regras tradicionais admitem uma única exclamação após uma exclamação: "Meu Deus!" ou "Misericórdia!". Hoje, porém, poucos respeitam essa regra.

Pontos de exclamação podem instantaneamente impregnar a comunicação eletrônica de afeto. "Obrigado!!!!" é bem mais simpático do que "Obrigado". E "Viva!!!!!" é mais comemorativo do que "Viva". Como o e-mail não transmite sentimentos, possui um efeito entorpecedor que quase exige que se exagere um pouco só para levar as coisas a um patamar normal de emoção.

O ponto de exclamação pode ser uma maneira preguiçosa porém eficaz de combater a falta de tom do e-mail. "Vejo você na conferência" é uma simples afirmação. "Vejo você na conferência!" comunica ao seu colega conferencista que você está animado e contente com o evento. É claro que quanto melhor a escolha de palavras, menor a necessidade de utilizar essa forma de complemento. Mas até encontrarmos mais horas no dia – e até o e-mail começar a transmitir afeto – continuaremos a salpicar as nossas mensagens, generosamente, com exclamações.

Um aviso: não use pontos de exclamação para transmitir emoções negativas; fica parecendo que você está tendo um acesso de fúria! Em uma correspondência formal, não use mais de um de cada vez, se usar.

## Abreviações

Abreviações são como emoticons. Elas têm uma função importante. Tb (também), kd (cadê?), vc (você), q (que), mt (muito), vlw (valeu), blz (beleza) – todas facilitam a comunicação e, em alguns casos, ajudam a unir as pessoas numa linguagem compartilhada.

É claro que se a conversa for formal ou se você não tiver certeza de que a outra parte conhece os códigos, é melhor escrever por extenso.

## Um e-mail para ser lembrado

Como qualquer pessoa que faz parte do mercado editorial, Will recebe muitas idéias de gente que deseja escrever livros. Uma proposta recebida por e-mail, escrita por uma estranha, se destacou. Leia este trecho para entender por quê:

Prezado Sr. Schwalbe,

Sou uma pessoa esperançosa. Recebi a ligação hoje. A ligação que toda mulher de bombeiro teme receber. Aquela com a qual eu me preocupei, sobre a qual rezei e que jurei a mim mesma que jamais receberia.

Sou uma pessoa paciente. Já houve festas passadas no corpo de bombeiros esperando o papai voltar de uma emergência enquanto as crianças iam ficando irritadas e a comida, fria.

Sou uma pessoa nervosa. Acordo às 3 horas ouvindo rangidos pela casa e não tenho o consolo de ter o meu marido ao meu lado.

Sou uma pessoa cansada. A casa está cheia de crianças doentes e não há o menor alento à vista porque o papai está num plantão de 72 horas.

Sou invejosa. Sinto inveja de todas as mulheres cujos maridos chegam em casa às 17 horas para jantar e envolvem-nas nos braços no fim do dia.

Sou grata. Tenho um marido que voltará para casa ao fim do turno. Um dia, porém, não voltou. Era 18 de novembro de 2002. Recebi a seguinte ligação: "Sra. Farren, o seu marido sofreu um ferimento grave. Está a caminho do hospital. A senhora pode ir para lá o mais rápido possível?"

Sou desconfiada. Questiono se Deus ouve mesmo todas as minhas preces. Passei a não saber se sou o tipo de esposa e mãe que Ele espera que eu seja.

Sou uma batalhadora. Ando solitária e ganho mal, mas venho agüentando como posso. No entanto, com relação ao que define a minha identidade, eu sou A MULHER DO BOMBEIRO.*
Cordialmente,
Susan Farren

* O título do livro acabou sendo este mesmo: The Fireman's Wife, e foi um sucesso. (Will se sente obrigado a informar que não lê e não pode ler propostas não solicitadas, por mais bem escritas que sejam. Esse foi um feliz acaso.)

## O que toda frase precisa? Da verdade

Até mesmo o mais bem elaborado e-mail estará em desvantagem se não for uma representação legítima de quem você é e do que você quer dizer. Visto que o e-mail é escrito à distância e que pode ser revisado diversas vezes, existe sempre a tentação de não ser honesto, de formas graves ou banais. No final, trata-se de uma estratégia perdedora. Quanto mais tentamos ser quem não somos, menos interessantes nos tornamos para os outros. Fingir cansa. Para que desempenhar um papel quando podemos ser nós mesmos?

Isso soa razoável no papel, mas é mais difícil de seguir num e-mail. Quem nunca se sentiu tentado a se mostrar uma outra pessoa para agradar a platéia? O impulso de deturpar quem se é, de enfeitar uma conquista ou de inflar uma característica favorável pode ser muito forte, principalmente quando se escreve para estranhos. Resista. Ao ser desonesto com você mesmo, estará criando uma armadilha que o fará perder de vista quem você é.

Além do fato de que você será pego. Na escrita, a verdade transparece, assim como a falsidade e o fingimento. Se tivéssemos de escolher o que serve de atestado para o e-mail falso, seria o excesso. Cortesia exagerada, abundância de palavras difíceis; o excesso de qualquer coisa significa que alguém está se esforçando demais. (É revelador que pesquisadores da Universidade de Cornell tenham conseguido demonstrar que quando as pessoas mentem em mensagens instantâneas usam mais palavras do que quando contam a verdade. É aquela história de se enrolar na teia de mentiras.)

Recentemente, James Dilworth, presidente de uma pequena empresa, colocou um anúncio no site Craigslist com um apelo para que candidatos a empregos se apresentassem como são, de fato, e não como acham que um empregador gostaria que fossem. Eis o argumento que guardou por último:

> Conquiste-me sendo aberto e franco. Eu respeito o fracasso e busco potencial. No entanto, parece ser prática comum, nos dias de hoje, mentir em currículos. Não há nada de errado em se orgulhar das suas realizações, mas um pouquinho de humildade nos torna humanos. Prefiro conhecer alguém que admite ter falhado do que alguém que finge sempre ter sido bem-sucedido.
>
> Liderei, com sucesso, uma equipe de dez pessoas para gerar vendas de 200 mil dólares.
>
> Está bem... mas eu respeitaria essa pessoa ainda mais se ela tivesse coragem de escrever isto:
>
> No meu último emprego, eu tinha 10 pessoas trabalhando para mim. Foi estressante e eu não tinha a menor noção de gerenciamento naquela época. Duas pessoas da minha equipe se demitiram no primeiro mês, e tive grande dificuldade em motivar os outros oito, que eram todos mais velhos do que eu. Nós atingimos a nossa meta, mas fui demitido. Para ser justo,

eu estava numa posição que exigia muito mais do que podia dar naquela época. Desde então, fiz dois seminários de treinamento em liderança e hoje percebo onde errei.

Com qual candidato você preferiria conversar?

:: CAPÍTULO 4 ::

# Os seis tipos básicos de e-mails

>> Não existem *tantas* formas assim de correspondência. Após meses de pesquisas aprimoradas e extenuantes, descobrimos que a maioria dos e-mails se divide em seis categorias: solicitação, resposta, informação, agradecimento, desculpas e socialização. Conheça alguns truques a serem usados com cada um.

## Pedidos: como solicitar

Com o advento do e-mail, disparar pedidos por aí ficou bem mais fácil. Com um clique do mouse, você pode pedir a qualquer um que faça qualquer coisa. O que não é lá muito bom.

O mundo está ficando abarrotado de pedidos indiscriminados e pouco apropriados. Quantas vezes ao dia lhe pedem para fazer algo que jamais deveriam ter lhe pedido para fazer? E será que você realmente precisa de tudo aquilo que pede?

As solicitações se encontram entre os tipos mais perigosos de e-mails, motivo pelo qual lhes daremos especial atenção. O pedido que você escreve em 10 segundos pode exigir um dia inteiro para ser atendido. Até mesmo uma pergunta fácil de responder é uma interrupção e, até certo grau, uma imposição. Danos irreversíveis podem ser causados às duas partes: se o seu pedido for inadequado, você poderá perder um aliado; se o seu pedido não for respondido ou atendido, o relacionamento entre as duas partes ficará comprometido.

Existe um ditado nas redações dos jornais, um de especial relevância nesta era de recursos cada vez mais escassos: para cada tarefa designada, existe outra que não será realizada. Afinal de contas, só existe um número X de jornalistas e uma quantidade de espaço reduzida no jornal. Essa filosofia também deveria se aplicar a solicitações. Assim, antes de enviar um e-mail com um pedido, certifique-se de que seja algo conveniente e de que você realmente precisa.

Carol Weston, autora de livros infantis, recebeu o seguinte e-mail de uma jovem admiradora (cujo nome foi alterado):

> Querida Carol Weston,
> Oi! Meu nome é Amanda. Queria saber se você pode responder a umas perguntas para mim.
> 1. Estou fazendo um projeto para a escola. Tem a ver com o primeiro livro da sua série sobre Melanie Martin.
> 2. Esqueci meu livro no armário da escola e queria saber se você pode me ajudar. Poderia me mandar um resumo do livro? Eu também gostaria de saber se você pode me dizer o que é uma boa introdução, uma ação ascendente, um clímax, uma ação descendente e uma conclusão. Se puder me ajudar, eu ficaria muito feliz.
> Adoro os seus livros!
> Um beijo,
> Amanda

Achamos que a pequena Amanda pediu um pouco demais.

Às vezes pode ser difícil discernir o que é razoável e o que não é; o que é apropriado em termos de tom e o que é destoante. Por quê? As pessoas costumam achar que se comunicam muito bem.

O que dizemos, no entanto, não é necessariamente o que os outros entendem.

Podemos achar que estamos escrevendo um e-mail envolvente e convincente para alguém numa posição de poder, e a pessoa que recebe a mensagem considerá-la invasiva e inadequada.

Se, apesar de tudo, você tiver o máximo de certeza de que o que está pedindo é razoável e acredita que o destinatário vai concordar em fazê-lo, eis alguns fatores para se ter em mente.

## Orientação

Pergunte-se quem você é com relação à pessoa a quem está fazendo o pedido. Está pedindo um aumento ao seu chefe? Está pedindo a um subordinado que se livre de um pote de iogurte vencido largado na geladeira do escritório? Está pedindo a um colega que assuma uma tarefa que você não é capaz de terminar? Nunca se esqueça de que você está *pedindo* uma coisa: acerte o tom.

## Além do e-mail

Pense numa combinação de estratégias. Você pode se apresentar por carta, avisando que dará continuidade por telefone, e, após o telefonema, usar o e-mail para responder às perguntas surgidas durante a conversa telefônica. O e-mail também é ótimo para pedir ao destinatário que reserve determinada data em sua agenda para um evento. O convite em si, no entanto, deve seguir pelo correio.

## Desde o início

Tente colocar algo que chame a atenção do destinatário no campo Assunto. Além disso, coloque a sua solicitação o quanto antes no corpo do e-mail. Nem sempre as pessoas lêem as mensagens até o fim.

## Permaneça conectado

Se você tem um amigo em comum que o "recomendou" ou "estimulou" que você fizesse o contato com o destinatário, o nome desse amigo (e é bom que você esteja dizendo a verdade) deve complementar as duas primeiras palavras do campo Assunto: "Recomendado por David Evan".

## Concentre os esforços

Peça uma coisa. Ou peça várias coisas que tenham a ver com aquela única coisa. Mas não peça um monte de coisas. Por exemplo, você pode fazer 10 perguntas sobre maçãs, mas não faça nove perguntas sobre maçãs e uma sobre romãs. (Nem mesmo uma pergunta sobre maçãs e uma sobre romãs.) Mensagens mistas são difíceis de arquivar, de encaminhar e de responder.

## Seja breve

Muito breve.

## Mas não breve demais

Seja específico. Um dos maiores geradores de tráfego eletrônico é o pedido vago ou incompleto. Observe o seguinte:

> **Para:** Orlando
> **De:** Fiona
> Preciso encontrar a Rosa.

Agora examine outro tipo de pedido. Levou alguns segundos a mais para ser redigido, mas não gerou uma cascata de perguntas: Que Rosa? Onde ela trabalha? Quem tem o telefone dela? Posso deixar recado na secretária eletrônica?

**Para:** Orlando
**De**: Fiona
Preciso ligar para a Rosa, da Wal Mart, esta semana. Acho que o Jean tem o telefone dela. Você poderia me enviar o número por e-mail? Obrigada.

## Destaque

Crie espaço. Quando você fizer uma pergunta importante num e-mail, não a deixe soterrada no meio do texto. Limite-a a uma frase. Destaque-a em um parágrafo próprio. Certifique-se de que haja bastante espaço em volta. Se você estiver fazendo várias perguntas, considere usar números ou asteriscos para realçá-las.

## Comece pedindo pouco

Antes de fazer um pedido que vai tomar muito tempo de outra pessoa, faça uma pequena solicitação. O pesquisador francês Nicolas Guéguen descobriu que essa técnica pode ser aplicada ao e-mail. Guéguen enviou e-mails a várias pessoas pedindo-lhes que respondessem a uma longa enquete sobre dietas. Algumas receberam a solicitação depois de um e-mail contendo uma simples pergunta sobre computadores; a outras, pediu-se apenas que preenchessem a pesquisa. A "pergunta-aperitivo" aumentou a taxa de adesão: 76% responderam a pesquisa sobre dietas quando precedida da pergunta sobre computadores; 44% responderam a pesquisa sobre dietas sem a pergunta sobre computadores.

## Seja franco

Não pense que está sendo esperto mascarando a sua solicitação. É muito desanimador descobrir que o que parecia uma introdução legítima e simpática era, na verdade, um pretexto descarado para uma solicitação. É melhor ser sincero logo de cara do que surpreender alguém com relação às suas reais intenções.

### Como desagradar alguém com dois curtos e-mails

David recebeu o seguinte e-mail de alguém (cujo nome foi alterado):

Oi, David.
Tudo bem? Se bem me recordo, além de sermos conterrâneos, temos em comum as tarefas no campo de [informação confidencial]. Tenho o meu próprio negócio... e tudo vai bem. Um dos meus clientes trabalha perto da sua sede... então, eu gostaria de poder tomar um café com você numa das minhas idas a Nova York. Avise-me se isso for possível.
Abraços,
Geraldo

E eis a resposta de David, enviada com entusiasmo (pois ele gosta de Geraldo):

Caro Geraldo,
Que bom ter notícias suas.
Isso seria ótimo. Avise-me quando você vier.
Um abraço,
David

E eis o que chegou, em resposta:

David,
Vou ligar para você e será um prazer.
Até lá, poderia me dizer qual seria a melhor forma para [o cliente de Geraldo] se reunir informalmente com [detalhe confidencial]? Estou perguntando porque, na verdade, trabalho para [o cliente] internacionalmente, mas nem tanto nos EUA. [O cliente] entrou em contato comigo esta manhã porque, como você provavelmente já sabe, tem havido uma grande apreensão com relação a [informação confidencial]... Acho que ele só quer estabelecer um canal de diálogo e responder a quaisquer perguntas abertamente.
Muito obrigado,
Geraldo

Ah, então foi *por isso* que Geraldo entrou em contato com David. O que é perfeitamente compreensível, mas por que não enviar o pedido logo de uma vez? "Nossa, há quanto tempo... espero que você esteja bem... Tenho uma pergunta para lhe fazer..."

## Ajude para ser ajudado

Aborde o destinatário num horário conveniente, algo fácil de esquecer quando se está usando o e-mail. Como já é comum estar conectado 24 horas por dia, 7 dias na semana, há uma grande probabilidade de que ele veja o seu e-mail assim que você o enviar.

Alguns livros sobre negócios recomendam que se façam contatos fora do horário comercial para alcançar diretamente aquela PESSOA IMPORTANTE que se está buscando. Não faça isso.

É mais provável que você irrite essa pessoa importante, que está usando aqueles raros e preciosos momentos de paz para conseguir trabalhar um pouco. E mesmo que você não a incomode, talvez a pegue no palmtop, o que significa que a sua mensagem poderá ser aberta e imediatamente esquecida. Na dúvida, envie seus e-mails no horário comercial, em dias úteis. Você pode fazer isso mesmo se escrever a mensagem às 3 horas da manhã (diversos programas de e-mail fazem esse agendamento).

Lembre-se de que muitas pessoas lêem os e-mails mais recentes primeiro, mesmo se tiverem mensagens mais velhas que ainda não foram lidas. Assim, se você for enviar diversas mensagens para a mesma pessoa, lembre-se de que ela poderá ler a última primeiro. Isso significa que toda a polidez do seu e-mail inicial não lhe servirá de nada se os da seqüência forem abruptos.

**Irritante isso acha não você?**

R: Muitas pessoas lêem de cima para baixo.

P: Por quê?

R: Uma seqüência de e-mails da mesma pessoa.

P: Qual é a coisa mais irritante da internet além do spam?

## Seja cortês

Há mais de uma maneira de ser cortês, conforme demonstram Penelope Brown e Stephen Levinson no livro *Politeness* (Cortesia), e é útil saber como essas diferentes formas surgem num e-mail. A primeira enfatiza a sua solidariedade e o seu vínculo com a pessoa para quem está escrevendo. (*Nós* dois sabemos...) A segunda enfatiza o seu papel de suplicante. (Eu sei como você é ocupado, mas...) Por conta da ausência de afeto do e-mail, um pouquinho de bajulação não faz mal a ninguém, e, às vezes, é necessário ser extravagantemente cortês. Mas a extravagância não funciona em todas as situações. Exagerar a importância do pedido (preciso de um *enorme* favor seu) é cortês; exagerar o grau do seu relacionamento (Como eu e você nos conhecemos há muito tempo...) é perigoso e contraproducente.

## Seja gentil ao refazer o pedido

Seja persistente, mas não seja importuno. Se você não recebeu uma resposta ao seu pedido, reenvie o e-mail original. Se fizer isso, mencione que é a segunda vez que o faz e peça desculpas. ("Eu sei que você anda muito ocupado, mas...") Não se limite a enviar a mensagem antiga outra vez nem a fazê-lo com uma linguagem acusatória. ("Por que você ainda não respondeu a isto?")

## Seja prudente

Se você se encontra numa posição de poder, precisa ter cuidado para não pedir algo sem perceber. Muitos de nós já estivemos em situações em que o chefe pensou em voz alta ("Eu me pergunto quantos..." ou "Não seria interessante saber..."), e essa ruminação se transformou num projeto de pesquisa que consumiu meses de um departamento inteiro. Mesmo quando um chefe quer de fato pedir uma coisa, precisa ter em mente o que já foi solicitado, ou vai correr o risco de alguém priorizar as tarefas de maneira diferente da que ele queria.

## Proporcione à outra parte uma saída elegante

A pessoa para quem você está escrevendo é, provavelmente, alguém para quem deseja voltar a escrever. Talvez você não consiga o que quer na primeira abordagem. Talvez não consiga fechar o negócio. Mas se proporcionar ao outro uma forma elegante de não ter de fazer o que lhe foi pedido, pode vir a ter mais uma chance com ele. Quem sabe diminuir a pressão não acaba por lhe conseguir exatamente o que você queria? Pesquisadores já demonstraram que proporcionar uma saída à outra parte – dizer que não precisa fazer determinada coisa – a torna mais inclinada a fazê-la.

O que queremos dizer com saídas elegantes? Aqui estão dois exemplos.

No caso de convites:

> Eu vou entender perfeitamente se você não puder comparecer. O período de festas de fim de ano [ou seja lá o que for] é uma época muito tumultuada.

Para pedidos de informação:

> Se a informação não estiver disponível de imediato, sinta-se à vontade para simplesmente ignorar e apagar esta mensagem.

E o sempre útil:

> Não é preciso responder a esta mensagem.

## Um pedido eficaz

Para que você não pense que é preciso ser Ph.D. para saber escrever um e-mail que expresse claramente os seus objetivos, leia a seguinte mensagem, escrita por Patrícia, uma menina de 10 anos, para a mãe. O objetivo? Sair do acampamento e voltar para casa. (O acampamento dura oito semanas; Patrícia quer voltar para casa na metade do período, no dia da visita.) Mas, ao mesmo tempo, quer evitar um conflito com a mãe. Note como ela diz exatamente o que deseja e como termina a mensagem com duas frases cujo objetivo é instigar uma resposta positiva.

Querida Mamãe,
Hoje foi o dia do nosso telefonema, e não gostei de nossa conversa. Estou muito chateada com você. Quero voltar para casa depois do dia da visita. Muitas crianças que foram para o acampamento de quatro semanas já vão estar em casa no dia da visita. Assim, eu não vou ficar sem nada para fazer quando voltar. E mesmo se ninguém tiver voltado para casa, eu vou ficar muito feliz de ir para o trabalho com você todos os dias. Estarei feliz se estiver com você. Vamos fazer um trato: se eu realmente ainda estiver detestando o acampamento até o dia da visita, posso ir para casa, mas tenho de me esforçar para me divertir aqui. Você concorda?
Patrícia

## Respostas: como escrever

Imagine um mundo ideal no qual as nossas vidas consistiriam em despachar ordem após ordem sem que ninguém jamais nos pedisse para fazer algo em troca...

Prazeroso, mas quase impossível.

O e-mail serviu, apenas, para aumentar a velocidade de pedidos, ordens, súplicas, instruções e queixas que demandam a nossa atenção. Como é muito fácil para as pessoas nos pedirem coisas, freqüentemente o fazem de forma pretensiosa e superficial. O simples ato de responder às solicitações pode ser sufocante. Nossos dias são repletos de mensagens fáceis, mensagens mais difíceis (e mais demoradas) e algumas que são impossíveis de serem respondidas.

E não se engane: as pessoas esperam por uma resposta e que ela chegue depressa, por mais complexo que seja o pedido. Uma pesquisa realizada em 2006 perguntou a pessoas que trabalhavam em escritórios se achavam grosseiro não receber resposta para um e-mail no período de três horas. Cinqüenta por cento responderam que sim. Pior, uma em 20 esperava uma resposta dentro de cinco minutos. Esse é, provavelmente, o motivo pelo qual um número cada vez maior de empresas vem incorporando mensagens instantâneas à sua cultura corporativa.

Na área em que David trabalha, e-mails com respostas positivas são os mais fáceis de redigir, então ele cuida destes imediatamente. Para ele, não há nada mais simples do que aceitar um texto de opinião. Se ele ler um artigo e gostar, pode enviar um e-mail de volta dali a minutos, com uma resposta entusiasmada, e já marcando uma data para a publicação.

Mas, e se for algo mais complicado? Ele acredita que os e-mails mais demorados são em resposta a alguém que enviou um texto mal escrito. Como explicar isso e dar sugestões construtivas para que o autor conserte os problemas? Compor esse tipo de e-mail exige concentração e, portanto, tempo – para completar, um atraso tem o potencial de exacerbar a situação, pois a pobre alma que escreveu o artigo está em casa morrendo de ansiedade, perguntando-se o que pode estar havendo com seu ensaio tão cuidadosamente redigido.

### Três regras sobre respostas

1. Responda acima, nunca abaixo de um e-mail. É irritante abrir uma mensagem e não encontrar nada até ir descendo, descendo, infinitamente, até encontrar a resposta à mensagem.
2. Se você estiver entremeando a sua resposta com parágrafos do e-mail original, certifique-se de que o seu destinatário consiga distinguir as suas palavras das dele. Use cores, fontes, caixa alta, caixa baixa, qualquer coisa – apenas certifique-se de que as suas marcações não desapareçam durante a transmissão. Na dúvida, faça um teste com o destinatário.

3. Verifique se a data e a hora que aparecem no seu gerenciador de e-mail estão corretas. Se não estiverem, seu e-mail pode confundir o destinatário.

## Comunique a sua posição

A melhor forma de enfrentar uma questão espinhosa é ser sincero. Diga à pessoa cujo pedido você está ponderando que lhe dará uma resposta tão logo tenha algo de construtivo para dizer. Se quiser dar um prazo e acha que pode cumpri-lo, faça isso.

## Seja rápido com as más notícias

Para a maioria das pessoas, dizer "não" é o mais difícil. Não gostamos de dizer não, muito menos de ouvir. Nesse sentido, o e-mail pode encorajar os nossos piores instintos. Ele pode nos distanciar da situação, fazendo com que adiemos o relato das más notícias. Essa estratégia costuma acabar em lágrimas. Quando o assunto é rejeição, uma resposta rápida é quase sempre bem aceita. Quanto mais cedo você conseguir colocar um ponto final nas coisas, melhor as partes envolvidas vão se sentir. Deixar a questão em aberto não ajuda em nada. Jack Welch, ex-diretor da General Electric, acredita que responder a um pedido feito via e-mail com um taxativo "Não há a menor chance de eu fazer isso, mas boa sorte" é muito mais generoso do que responder com um "Talvez" que nunca se concretizará.

## Mas não tão rápido

Duas medidas de cautela, no entanto:

Em primeiro lugar, tente não enviar más notícias ao fim do dia numa sexta-feira. Para que estragar o fim de semana de alguém?

Em segundo, lembre-se de que um "não" apressado demais pode sair pela culatra. Se você responder muito rápido, as pessoas podem desconfiar da sua resposta. Já houve ocasiões em que enviaram um material para a apreciação de David, ele o leu e enviou um e-mail de rejeição para o escritor no espaço de 20 minutos. Algumas vezes, ele até recebeu uma resposta agradecida: "Obrigado por me avisar tão rapidamente. Graças à agilidade da sua resposta, eu pude garantir a publicação do meu artigo em outro jornal." Mas, em outras ocasiões, ele recebeu e-mails indignados dizendo que a resposta chegou rápido *demais* e que nesse intervalo ele não poderia ter lido e compreendido plenamente as ramificações do plano em quatro estágios criado pelo autor para levar a paz ao Oriente Médio.

## Controle-se

Outro momento no qual se deve evitar dar uma resposta rápida é quando se é apenas uma das pessoas que poderá responder e as outras se encontram acima de você, hierarquicamente falando, ou possuem mais conhecimento sobre o assunto. Veja o que elas têm a dizer antes de se meter na conversa. Se o que você tiver a dizer já tiver sido dito, controle o seu impulso. Um simples "Eu concordo" é só o que é necessário. E, muitas vezes, nem isso.

## Algumas vezes, o mais eloqüente é não escrever e-mail algum

Lembra-se do silêncio? (Ver páginas 41-42.) Embora você possa achar que não dar resposta alguma seja grosseiro, há momentos em que é a melhor decisão. Se alguém não pára de lhe enviar mensagens ofensivas, apesar dos seus apelos, você tem o direito de interromper as trocas. Se alguém o enfurecer a tal ponto que você acha não ser capaz de responder sem perder a linha, é melhor não responder.

## Outros momentos em que é melhor parar

O oposto da falta de resposta é o excesso de resposta: aqueles que não conseguem parar de escrever. Em alguns casos, trata-se da necessidade de ter a última palavra. Tudo bem continuar a confirmar e a responder quando ainda existe a possibilidade real de um mal-entendido. Você pode até ir um passo além, sinalizando o fim das trocas com um "Feito", "De acordo" ou "Ótimo". Depois disso, pare.

## Quando você está muito atrasado

Antes de você se martirizar por não responder a todos os seus e-mails imediatamente, lembre-se do seguinte: embora o e-mail tenha acelerado o ritmo do mundo, os nossos padrões de correspondência permanecem inalterados. O físico Albert-László Barabási chegou a essa conclusão ao comparar o tempo que Darwin e Einstein demoravam para responder cartas com o tempo que os usuários de e-mails levam para responder às suas mensagens. Os famosos correspondentes e os escritores de e-mails estudados empataram na porcentagem de cartas ou e-mails respondidos rapidamente, lentamente, e que ficaram sem resposta. Ou seja, não evoluímos em nada nesse campo.

Todos nós já nos vimos em situações nas quais, por um motivo ou outro, não demos retorno a uma determinada pessoa. E todos já tivemos a sensação de que essas respostas acabam por ganhar um peso especial: quanto mais demoramos, mais difícil fica responder, porque, ainda por cima, temos de incluir uma explicação para a demora. Às vezes, o peso é tanto que qualquer resposta parece impossível.

Acreditamos que é sempre melhor enviar uma resposta – até mesmo inadequada – tardiamente do que não enviar resposta alguma, se você tiver interesse em preservar o relacionamento.

Nesse aspecto, lembre-se de que a tecnologia está do seu lado. É quase certo que a pessoa negligenciada por você já tenha estado na sua posição em algum momento. Como você, ela provavelmente tem uma caixa de entrada abarrotada, na qual é fácil perder e se esquecer de alguns e-mails, e por isso é capaz de compreender o fato de você não ter respondido em tempo hábil. Assim, seja sincero. Peça desculpas pela besteira que fez. E mande logo essa resposta.

**Cinco maneiras de se desculpar por uma resposta imperdoavelmente atrasada**

1. Tenho a péssima sensação de não ter respondido a seu e-mail...
2. Acordei em pânico ao me dar conta de que não o havia respondido...
3. Mil perdões pela demora da minha resposta...
4. Sou uma pessoa horrível e um péssimo amigo...
5. Não tenho como justificar a grosseria de não ter respondido...

## Fazendo as pazes

David, sem querer, irritou alguém do trabalho, alguém de quem ele gosta e que admira. Assim, embora não saiba com certeza se foi perdoado, ele hoje é extremamente ágil em responder a todos os e-mails enviados por essa pessoa, investindo na tática que espera ser bem-sucedida para o restabelecimento da paz. Pedidos que normalmente poderiam ir para o fim de sua lista de prioridades recebem uma resposta rápida e supercordial.

Sempre vale a pena responder com prontidão e especial boa vontade àqueles com quem já tivemos mal-entendidos ou dificuldades no passado. É uma forma simpática de fazer com que saibam que o que quer que tenha acontecido ficou para trás. Da mesma maneira, se tiver a sensação de que alguém está entrando em contato com você para confirmar a força do seu relacionamento, uma resposta bem-humorada informará ao destinatário que você vê o relacionamento da mesma forma que ele.

## Aliviando a ansiedade

É uma boa idéia responder rapidamente quando alguém se mostrar claramente ansioso. E-mails que perguntam: "Será que eu fiz papel de bobo na festa do escritório?" exigem uma resposta rápida, mesmo que nem sempre completamente sincera.

## Condolências

Se você soube, por e-mail, do falecimento de alguém, é perfeitamente aceitável responder ao remetente também via e-mail enviando as suas condolências. No entanto, isso não deve impedi-lo de enviar uma carta de pêsames apropriada logo depois.

## Convites

Convites enviados por e-mail parecem menos importantes do que os que recebemos pelo correio. No mundo dos negócios, porém, eles estão se tornando a norma e, portanto, exigem uma resposta rápida. Trate-os como você trataria um convite que chegou via correio normal ou que foi feito por telefone.

## Aviso de ausência temporária

Se você souber que não estará em condições de responder – lembre-se de que metade do mundo espera que você o faça num período de horas –, não hesite em ativar o seu Aviso de Ausência Temporária. Quase todo programa de e-mail tem uma versão dessa função, que pode ser customizada de maneira a enviar uma mensagem automática a quem lhe escrever, como esta: "Estou no escritório trabalhando num projeto e provavelmente não poderei lhe dar um retorno até a semana que vem." Mesmo não sendo perfeita, essa cortesia não deixará que as pessoas fiquem se perguntando por que você está demorando tanto para escrever.

## O último recurso

Quando você começar a se sentir soterrado em meio a tantos e-mails que precisam ser respondidos, experimente reclassificar a sua caixa de entrada clicando sobre as diferentes colunas. Se ela, por exemplo, estiver ordenada por data de recebimento, reclassifique-a por remetente, e é provável que você se dê conta de que há várias mensagens enviadas por uma única pessoa, o que pode ser resolvido com um e-mail único ou telefonema. Reclassificar ajuda você a enxergar a sua caixa de entrada com novos olhos: e-mails que você tem negligenciado saltam à vista quando colocados em um novo contexto. Também é útil reclassificar por tamanho: você verá os e-mails com anexos enormes que estão roubando memória da sua máquina.

E o que fazer se você estiver completamente abarrotado de e-mails? Esta, segundo a revista *Wired*, é a alternativa derradeira usada por Lawrence Lessig, professor de Direito e especialista nas questões ligadas ao mundo eletrônico:

1. Copie os endereços eletrônicos de todas as pessoas para quem você deve uma resposta. Cole-os no campo de Cco de uma nova mensagem que você enviará para você mesmo.
2. Escreva um bilhete educado explicando a sua difícil situação. Desculpe-se efusivamente e prometa ficar em dia com os seus e-mails no futuro. Tente passar sinceridade.

3. Peça que lhe seja reencaminhado qualquer material particularmente urgente e comprometa-se em dar especial atenção a essas mensagens.

## Equilíbrio

Uma última consideração sobre respostas: a melhor forma de transmitir um tom neutro ou, de maneira geral, positivo, é responder à mensagem que lhe foi enviada na mesma medida. Um e-mail longo é uma boa maneira de responder a um e-mail longo; uma resposta fragmentada é adequada a uma pergunta fragmentada.

Quando o tempo ou outras restrições tornarem o equilíbrio impossível, desculpe-se pela brevidade da sua resposta de forma a evitar ofender alguém. (Conforme observamos anteriormente, quase todo mundo faz concessões para respostas concisas quando se anuncia que vieram de palmtops.) Frases como "Estou correndo" ou "A caminho de uma reunião" ou "Mais informações em breve" indicam ao destinatário que você daria uma resposta mais longa se pudesse.

É importante ser sensível a essa questão se notar que o remetente se empenhou na composição da mensagem para você. É claro que não é proibido responder à proposta de um subordinado com um apressado "O.k." ou "Não", o que não significa que deva fazê-lo. Embora seja bem provável que o remetente não esteja esperando que você corresponda ao empenho dele, parágrafo por parágrafo, ainda assim pode reconhecer o seu esforço. Na realidade, é exatamente quando se está numa posição de autoridade que as pessoas mais analisam o que você escreve, em busca de dicas de como se sente com relação a elas.

Observe que isso depende, em algum grau, da cultura da sua empresa. Se o chefe é conhecido por escrever freqüentemente respostas de uma única palavra, então as pessoas não vão se ofender quando receberem uma mensagem do tipo. Se, no entanto, esse não for o caso, é possível que se ofendam. O segredo é a consistência.

O equilíbrio não se aplica exclusivamente ao tamanho da mensagem, mas também a tudo o que diz respeito ao tom. Toda vez que a sua resposta for mais fria ou formal do que a correspondência original, você poderá transmitir sinais de distanciamento, quer seja ou não a sua intenção.

Pense no seguinte.

Você escreve a um colega:

> É sempre um prazer rever você. Gostei muito da palestra que deu no seminário. Aliás, qual foi o poeta que você citou?

O seu colega, então, responde:

> Frost.

Você começa a se preocupar. Na verdade, se sentiria bem melhor se a resposta tivesse sido:

> Foi ótimo revê-lo, também. O poeta se chama Robert Frost.

## Os fatos: como informar

Os pedidos e as respostas via e-mail concentram tanto a nossa atenção que acabamos nos esquecendo de uma de suas propriedades mais essenciais: informar.

Quando informamos, não estamos pedindo nada. Não estamos exigindo uma resposta. Estamos compartilhando informações, e não há forma melhor de fazer isso, com rapidez e eficiência, do que por e-mail ou algum tipo de comunicação eletrônica.

No entanto, como as pessoas agem por reflexo em e-mails, não espere que se dêem conta de que estão apenas sendo informadas (e que ninguém está pedindo coisa alguma), a não ser que isso esteja muito claro. Escrever "Para a sua informação" costuma funcionar bem. Por outro lado, se você espera algum tipo de ação, deixe isso igualmente claro, mesmo se a única ação esperada seja passar a informação adiante.

Essa breve seção foi apenas para a sua informação. Favor não responder.

## Gratidão: como dizer obrigado

Agradecimentos são bastante simples. Alguém faz um favor a você e você reconhece o feito, certo? Mais ou menos. Aqui vão algumas dicas de como agradecer via e-mail.

### Mantendo a simetria

O agradecimento precisa ser proporcional ao ato que o originou. O e-mail é uma ótima maneira de agradecer às pessoas por pequenos gestos. Também pode ser um excelente primeiro passo para agradecer alguém por atos grandiosos, desde que você faça com que o destinatário saiba que haverá outras demonstrações de gratidão. Suzy Welch, escritora de artigos sobre negócios e ex-editora da *Harvard Business Review*, nos contou que ela e o marido, Jack, têm a sensação de que algumas vezes agradecer por e-mail não é o bastante e que é preciso reafirmar um elogio com uma boa conversa.

### Atinja o seu alvo

Certifique-se de que está agradecendo às pessoas certas. Se você agradecer a alguém que não fez coisa alguma, estará diminuindo o valor do agradecimento. Se se esquecer de agradecer a alguém que fez alguma coisa, bem, então você estragou tudo. E se enviar um agradecimento idêntico para alguém que fez pouco e para alguém que fez muito, o simples apertar de uma tecla vai acabar com o espírito de equipe.

Certa vez, um amigo trabalhou durante mais de dois anos num difícil projeto. Concluído o serviço, o chefe lhes enviou um e-mail de agradecimento. Havia uma dezena de pessoas envolvidas – algumas haviam trabalhado noite e dia durante meses; outras apenas uma ou duas horas. Ainda assim, o tal sujeito juntou todo mundo no campo Para do e-mail. O corpo da mensagem dizia: "Caríssimos. Muito obrigado pelo trabalho árduo realizado. Não tenho como lhes dizer como aprecio o que fizeram." E pronto. Esse é um dos casos em que o remetente deveria ter reconhecido o esforço de cada um de forma individual.

### Mensagens mistas

Se você estiver agradecendo a alguém, não peça mais nada. Agradecer e pedir são ações que não se misturam.

### Um favor ainda é um favor

E-mails tornam pequenos favores fáceis de realizar. Mas só porque são fáceis de fazer não quer dizer que não sejam dignos de agradecimento. Se uma pessoa encaminhar algo para você, apresentá-lo a alguém ou lhe enviar uma informação que você pediu, agradeça adequadamente, mesmo se achar que a boa ação tomou apenas alguns segundos do tempo dela.

### Agradecer tem limite

Não enlouqueça. Tudo bem agradecer alguém por um "obrigado", mas pare por aí. Agradecimentos via e-mail acabam se transformando em correntes e tendem a se estender ao infinito.

Carlos, muitíssimo obrigado pela sua ajuda no projeto. Deu tudo muito certo.

Obrigado pelo seu simpático e-mail, Dani. Fico muito contente em saber que você ficou satisfeito com o produto final.

Bem, graças, em grande parte, ao seu grande empenho, Carlos.

O prazer foi todo meu, Dani.

Ainda assim, Carlos, fico muito grato.

Então, fico à espera da próxima oportunidade.

Pode apostar!

Ótimo!

Maravilha!

Com certeza!

## Desculpas: como pedir perdão

Toda regra que se aplica a agradecimentos também se aplica a pedidos de desculpas. Mas existe uma diferença. É possível se safar com um obrigado pouco sincero, mas isso não acontece com um pedido de desculpas. Qualquer um que já tenha sido magoado tem imensa sensibilidade para detectar a falsidade alheia. Um pedido de desculpas fingido ou cheio de evasivas não terá muito valor. Numa situação dessas, é melhor você evitar completamente o e-mail. Para se desculpar de verdade com alguém, é preciso dizer a verdade, ser sincero e, sempre que possível, humilhar-se em pessoa.

Se você acabar pedindo perdão via e-mail (ou por carta ou telefone) por alguma falta grave, alcançará mais resultados usando a voz ativa ("*Eu cometi um erro*" é muito mais eficaz do que "*Erros foram cometidos*") e assumindo a responsabilidade pelo seu ato ("*Sinto muito por ter magoado você*" é bem mais forte do que "*Sinto muito que você esteja magoado*"). Seja muito cauteloso ao utilizar a palavra "mas", que com freqüência introduz justificativas. E *propor* um plano de ação para tentar consertar o dano que você causou sempre ajuda. Por fim, seja breve. Você não é o foco da questão. *("Eu me sinto tão mal que não tenho conseguido dormir; não tenho conseguido me concentrar; não tenho conseguido curtir a vida...")* O outro é que é o foco.

## Quatro considerações sobre pedidos de desculpas via e-mail

Dizer que você está arrependido por e-mail é diferente de dizer o mesmo por outros meios. Antes de se desculpar via e-mail, pense no seguinte:

1. *Será que o e-mail é realmente a melhor maneira de se desculpar? Ou será que você está se escondendo por trás da tela do computador?* Faça o teste: se você nem ao certo sabe se fez algo de errado e acha que o seu pedido de perdão via e-mail provavelmente será merecedor de um imediato e sincero "Esqueça esse assunto" ou "Sem problemas", então um e-mail provavelmente funcionará. Se, no entanto, você sabe que a infração foi mais séria, talvez queira transferir o pedido de perdão para outra esfera. Por quê? Porque é tão fácil enviar um pedido de desculpas por e-mail que nem sempre as pessoas o levam a sério. (Não receber uma resposta para as suas desculpas é geralmente uma boa indicação de que passaram despercebidas.)

2. *A rapidez e a facilidade do e-mail o tornam uma excelente forma de dar início a um pedido de perdão.* Apenas deixe o ofendido ciente de que o pedido será reencaminhado por outros meios.
3. *Coloque as palavras "me desculpe" ou "perdão" no campo Assunto.* Caso contrário, é possível que a parte ofendida nem abra o seu e-mail.
4. *Eis uma ocasião na qual você realmente não vai querer enviar uma Cc sem permissão.* A parte que foi magoada pode querer que todo mundo saiba que você pediu desculpas, ou talvez queira manter silêncio. Às vezes, um pedido de perdão feito em público pode exacerbar um insulto. De início, concentre-se na pessoa atingida e peça-lhe permissão para continuar. "Por favor, perdoe o comentário inadequado que fiz durante a reunião e avise se achar que devo me desculpar com todos os presentes." Além disso, escreva o pedido de perdão sob a premissa de que o mesmo poderá ser encaminhado sem a sua permissão.

## O erro cometido via e-mail

Como já comentamos, o e-mail nos torna mais impetuosos e mais suscetíveis a acidentes. E, o que é pior, o volume cada vez maior amplia enormemente a possibilidade de cometermos erros. Não é por acaso que a era do e-mail criou a necessidade de um tipo especial de perdão: o tipo usado quando *você* foi o idiota que enviou uma mensagem descabida ou que, acidentalmente, foi parar nas mãos da pessoa que você estava criticando pelas costas. Em situações como essas, a nossa primeira reação é pedir perdão pelo mesmo meio que nos colocou em apuros. Resista à tentação.

### As três regras fundamentais que você deve seguir se estiver tentando pedir perdão por um erro cometido via e-mail

1. *O e-mail colocou você em apuros, mas provavelmente não irá salvá-lo dos mesmos apuros.* Vista a carapuça, de preferência ao vivo ou por telefone, imediatamente. Quanto mais grave o pecado cometido via e-mail, mais trivial se torna um pedido de desculpas via e-mail.
2. *Não culpe o e-mail.* A função de autopreenchimento pode ter endereçado a mensagem, mas foi você quem a escreveu.
3. *Reze para que a parte atingida já tenha cometido um erro parecido e esteja disposta a perdoar.*

## Conexões: como socializar

Fazemos mais do que sair por aí bradando ordens, respondendo a perguntas, pedindo desculpas ou agradecendo. Também dizemos "olá" e perguntamos como vão as pessoas. É igualmente importante fazermos isso por e-mail. As mensagens mais eficazes conseguem ser claras e sucintas, e, ao mesmo tempo, simpáticas. Não estamos falando aqui de um blablablá interminável, e sim de nos lembrarmos de sermos gentis, em especial se o que estamos prestes a dizer for conflituoso ou frustrante em algum grau. Nesses casos, é melhor escrever algo agradável no início *e* no fim do e-mail.

Dito isso, alguns e-mails existem unicamente para fortalecer ou revalidar relacionamentos. Estamos falando daquelas mensagens aparentemente pouco importantes nas quais o conteúdo inteiro parece perguntar "como você está?", recomendar um filme, passar uma mensagem positiva. Esses talvez sejam os e-mails mais essenciais de todos.

## :: CAPÍTULO 5 ::

# Não se deixe levar pela emoção

>> Por acaso já mencionamos que o e-mail nos torna impetuosos? Já dissemos que há momentos em que ele nos encoraja a perder a noção e a escrever coisas bizarras e perigosas que normalmente não passariam pelos nossos sensores internos? Será que o e-mail nos inspira a colocar por escrito as nossas emoções mais turbulentas? Será que o e-mail remove as barreiras temporais e físicas que impedem que isso aconteça em outras formas de comunicação? Por acaso já dissemos isso?

Sim. Dissemos. E se você não se lembra, é sinal de que não estava lendo com muita atenção, não é mesmo?

Ah, desculpe. Esse trecho lhe soou um pouco hostil?

Se o tivéssemos lido em voz alta, você teria compreendido que estávamos brincando. (E estávamos mesmo.) Mas há momentos em que não estamos.

Emoções fortes são feras difíceis de controlar quando soltas numa página de papel ou numa tela, e, em virtude do e-mail, parece que elas têm andado soltas demais ultimamente.

A seguir apresentamos um guia para ajudá-lo a localizar – e domar – as três feras mais perigosas das savanas do e-mail: a raiva, o sarcasmo e a má-fé.

Muitos de nós já escrevemos e-mails que não tínhamos a menor intenção de enviar. O perigo de fazer isso está na possibilidade de que, por raiva ou acidente, apertemos a tecla Enviar em vez da Excluir. A questão é que, no caso do e-mail, há poucas oportunidades durante o percurso para o seu superego e um critério mais apurado, a auto-edição e a cabeça fria entrarem em ação. Por isso não é uma boa idéia escrever e-mails irados como terapia; mas, se você tiver de fazê-lo, faça-o num documento de processador de textos que possa ser copiado ou anexado a um e-mail ou impresso e enviado como carta – caso você decida, mais tarde, que realmente deseja mandá-lo.

Expressar raiva costuma perturbar a estrutura social. Dessa forma, antes de você explodir, certifique-se de que vale a pena. Quer mesmo criar um tumulto? Ao expressar a sua cólera, está dizendo ao destinatário que ele deve escutá-lo. É como se vocês não estivessem mais no mesmo nível. Você é a parte prejudicada e ele é o culpado. Você possui o conhecimento e ele precisa ser ensinado. Tudo o que você disser daqui por diante virá de uma posição de superioridade moral. Há um momento e um lugar para isso, mas você precisa estar ciente do efeito desse tipo de mensagem antes de enviá-la. E também precisa estar ciente de que a sua explosão poderá ser encaminhada para uma comunidade bem mais ampla: um bom motivo para querer se certificar de que deseja tornar pública a sua raiva.

Na troca a seguir, um advogado ficou tão enfurecido com o tom de uma série de e-mails que lhe foi enviada por outra advogada, mais jovem e com menos experiência profissional, que resolveu compartilhar a transcrição com o mundo. E o e-mail que mais o perturbou (o último) continha apenas uma palavra!

**De**: Dianna Abdala
**Enviado**: sexta-feira, 3 de fevereiro, 2006, 21h23
**Para**: William A. Korman
**Assunto**: Obrigada
Prezado Dr. Korman,
Gostaria de lhe informar que não aceitarei a sua oferta. Após criteriosa consideração, cheguei à conclusão de que o salário que está oferecendo não me satisfaria, tampouco manteria o estilo de vida com o qual estou acostumada, em vista do trabalho que faria para o senhor. Em vez disso, decidi trabalhar por conta própria e colher 100% dos benefícios daquilo que plantar. Agradeço-lhe pelas entrevistas.
Dianna L. Abdala, advogada

**De**: William A. Korman
**Para**: Dianna Abdala
**Enviado**: segunda-feira, 6 de fevereiro, 2006, 12h15
**Assunto**: Re: Obrigada
Dianna, considerando que você passou por duas entrevistas, recebeu a oferta do emprego e a aceitou (na verdade, tinha até mesmo uma data certa de admissão na empresa), muito me surpreende que tenha lançado mão de um e-mail e de uma mensagem de voz deixada às 21h30 na secretária eletrônica para me transmitir essa informação. Para mim, isso revela inexperiência, além de ser muito pouco profissional. Na verdade, confiei na sua aceitação e pedi que encomendassem papel timbrado e cartões de visita com o seu nome, que reconfigurassem o computador e criassem contas de e-mail internas e externas para você. Embora eu não queira ir contra o seu raciocínio, confesso-me extremamente desapontado com a conclusão de tudo isso. Sinceramente, lhe desejo boa sorte no futuro.
Will Korman

**De**: Dianna Abdala
**Para**: William A. Korman
**Enviado**: segunda-feira, 6 de fevereiro, 2006, 16h01
**Assunto**: Re: Obrigada
Um advogado sério teria feito um contrato por escrito e não teria depositado tanta confiança em alguém até fazê-lo. Mais uma vez, obrigada.

**De**: William A. Korman
**Para**: Dianna Abdala
**Enviado**: segunda-feira, 6 de fevereiro, 2006, 16h18
**Assunto**: Re: Obrigada
Muito obrigado pelo curso de revisão sobre contratos. Essa não é uma questão da prova da ordem dos advogados. É bom que você se dê conta de que esta é uma comunidade jurídica muito pequena, em especial no que diz respeito ao direito criminal. Você tem certeza de que já quer começar a sua carreira aporrinhando advogados mais experientes?

**De**: Dianna Abdala
**Para**: William A. Korman
**Enviado**: segunda-feira, 6 de fevereiro, 2006, 16h29
**Assunto**: Re: Obrigada
blablablá

## A ciência das brigas virtuais, Parte I

Não somos cientistas nem escrevemos sobre assuntos científicos. É por isso que vamos citar o trabalho de Daniel Goleman, que escreveu extensamente sobre a indisciplina gerada pelo e-mail.

> O campo emergente da neurociência social, estudo do que ocorre dentro do cérebro e de outras partes do corpo de duas pessoas enquanto interagem, oferece dicas sobre os mecanismos neurais existentes por trás das brigas virtuais.
>
> Esse trabalho aponta para um defeito de design inerente à interface entre o circuito social do cérebro e o mundo on-line. Na interação cara a cara, o cérebro lê um fluxo contínuo de sinais emocionais e deixas sociais, usando-os instantaneamente para guiar o nosso próximo passo de maneira que a troca ocorra bem. Grande parte desse direcionamento social ocorre no circuito centrado no córtex órbito-frontal, um centro de empatia. Esse córtex usa a leitura social para tentar assegurar que o que faremos a seguir manterá a interação nos eixos.
>
> Uma pesquisa realizada por Jennifer Beer, psicóloga da Universidade da Califórnia, descobriu que esse sistema de direcionamento cara a cara inibe os impulsos de agir de forma a contrariar o outro ou, de alguma outra forma, abalar o equilíbrio da interação. Pacientes que sofreram danos no córtex órbito-frontal perdem a capacidade de modular a amígdala cerebral, fonte dos impulsos ingovernáveis; como crianças pequenas, cometem gafes constrangedoras, como beijar estranhos, sem terem a menor consciência de estarem sendo inconvenientes.

Reações que demonstram habilidade social surgem, em grande parte, na troca neural entre o córtex órbitofrontal e os centros emocionais como a amígdala, geradora da impulsividade. No entanto, o córtex precisa de dados sociais – uma mudança no tom da voz, por exemplo – para saber como selecionar e canalizar impulsos. No e-mail, no entanto, não existem canais para voz, expressões faciais nem outras deixas dadas pela pessoa que vai receber o que dissermos.

Ainda não se convenceu?

Bem, então leia isto:

Se dependermos exclusivamente do e-mail no trabalho, a ausência de um canal para os circuitos emocionais do cérebro passa a ser um risco. Em artigo publicado na *Academy of Management Review*, Kristin Byron, professora assistente de administração da Syracuse University, afirma que o e-mail costuma aumentar a probabilidade de conflitos e mal-entendidos.

Uma das razões para isso é que tendemos a interpretar mensagens positivas como sendo mais neutras e as neutras como sendo mais negativas do que era a intenção do remetente. Até mesmo piadas são consideradas menos engraçadas pelos receptores do que pelos remetentes.

A incapacidade de nos darmos conta disso se dá, em grande parte, por causa do egocentrismo, segundo artigo publicado em 2005 no *Journal of Personality and Social Psychology*. Escrevendo um e-mail, a sós, no escritório, o remetente "ouve" internamente nuances emocionais, embora nenhuma dessas deixas seja percebida pelo destinatário.

Quando o assunto são e-mails furiosos, antes de apertar a tecla Enviar pergunte-se: você transmitiria o recado da mesma maneira, palavra por palavra, se estivesse perto o bastante da outra pessoa para receber um soco?

Por exemplo: será que esta interação, entre dois gênios do mundo financeiro, teria ocorrido se estivessem sentados, frente a frente, à mesa de um restaurante?

Dê só uma olhada. Tudo começa de forma bastante inocente.

**De**: Alan Lewis
**Para**: Daniel Loeb
22 de março
Daniel, obrigado pela ligação de hoje. Anexo o meu CV para a sua apreciação. Será um prazer continuar a nossa conversa quando você tiver mais tempo.
Cordialmente, Alan

**De**: Daniel Loeb
**Para**: Alan Lewis
28 de março
Quais são as suas três melhores idéias para a Europa?

**De**: Alan Lewis
**Para**: Daniel Loeb
28 de março
Daniel, eu sinto muito, mas não me interessa avançar na conversa dessa maneira.
Se você desejar uma discussão adequada sobre o que espera realizar na Europa e ver como eu talvez me encaixe, muito bem. Lição nº 1 sobre como negociar na Europa: os negócios não são conduzidos com a mesma informalidade que são nos EUA.
Cordialmente, Alan

Hummm. Uma pequena alfinetada? Será que vai ter troco? Ou será que a parte atingida vai deixar pra lá?

**De**: Daniel Loeb
**Para**: Alan Lewis
28 de março
Uma única idéia teria bastado.
Somos um grupo audacioso, empreendedor e movido por resultados, e buscamos indivíduos motivados e competitivos que demonstrem iniciativa e energia para fazer investimentos extraordinários...
Na nossa opinião, a maioria dos ingleses é um pouco avessa a mudanças e prefere tomar uma cervejinha no pub local e sair para caçar no fim de semana a dar duro de verdade. Escolhas de estilo de vida são importantes, e conhecer os próprios limites num ambiente competitivo, também. Essa é a Lição nº 1 aqui na minha empresa. Foi bom sabermos dessa incompatibilidade logo no início do processo. Eu lhe desejo tudo de bom na sua carreira administrando fundos mais tradicionais.

**De**: Alan Lewis
**Para**: Daniel Loeb
28 de março
Daniel, pelo visto a sua reputação é procedente... Não alcancei o sucesso tomando cervejinhas no pub, como você sugere. Sou audacioso e empreendedor, e amo este ramo de negócios.
Tenho ascendência americana e francesa e, tendo passado a maior parte da minha vida deste lado do oceano, acho que sei alguma coisa sobre como fazer negócios no Reino Unido e na Europa.
Há muitas oportunidades, mas, se você vier para cá e lidar com isso com a mesma arrogância que faz nos EUA, posso lhe

garantir que vai fracassar. Aqui, as coisas são feitas de maneira diferente. Sim, ainda importam a posição de uma pessoa na sociedade, onde ela estudou, etc. Serão necessários tato e paciência (características que você obviamente não possui) para ser bem-sucedido neste cenário.
Boa sorte! Alan

**De**: Daniel Loeb
**Para**: Alan Lewis
28 de março
Bem, você terá muito tempo para discutir "a posição da *sua* pessoa na sociedade" com os seus companheiros de clube. Eu adoro a idéia do desempregado francês/inglês, cujo fundo acaba de falir, me dizendo que eu vou fracassar.
Aqui na [minha empresa], "a posição de uma pessoa na sociedade" não importa nem um pouco. Somos um grupo de sujeitos cheios de garra e com origens muito diversas (judeus, muçulmanos, hindus, etc.) que adora levar a melhor sobre babacas pomposos como você nos mercados financeiros de todo o mundo.
A sua inexplicável indiferença e o seu desrespeito são fascinantes; deve ser coisa de aristocrata francês/inglês. Vou acompanhar a sua "carreira" com grande interesse.
Incluí Patrick neste e-mail para que ele possa apresentá-lo a pessoas com as quais você talvez se dê melhor. Deve haver uma empresa de seguros ou um fundo mútuo que queiram você.
Dan Loeb

Veja como a troca termina.

**De**: Alan Lewis
**Para**: Daniel Loeb
28 de março
Soberba.

**De**: Daniel Loeb
**Para**: Alan Lewis
28 de março
Preguiça.

Apesar de tudo, concordamos que existem momentos em que simplesmente atiramos a cautela pela janela. Larry Kramer, escritor e ativista, costuma enviar e-mails longos, intensos e apaixonados nos quais inclui muita, muita gente. Seu amigo, o escritor Calvin Trillin, que já recebeu muitos e-mails de Kramer, tem um nome para eles: "e-mails vomitados". E isso foi dito em tom de elogio; os dois escritores acreditam haver espaço para esse tipo de correspondência. De fato, Kramer preveniu os destinatários quanto a um e-mail recente que se encaixava na categoria estabelecida por Trillin. Kramer iniciou a mensagem dizendo que sabia que seu aborrecimento não tinha mais conserto e que não esperava que todos os destinatários fossem ler o que escreveu, mas que o simples fato de enviar a mensagem já o fazia se sentir melhor.

Há ocasiões em que você sabe que o seu e-mail irá deixar alguém zangado ou que levará a um rompimento e, no entanto, após cuidadosa reflexão, decide enviá-lo assim mesmo.

## A ciência das brigas virtuais, Parte II

Dan Gilbert, psicólogo de Harvard e autor de *Stumbling on Happiness* (Tropeçando na felicidade), escreveu o texto a seguir, sobre conflitos que fervilham em todo o mundo. Acreditamos que se aplique aqui.

> Em estudo conduzido por Sukhwinder Shergill e colaboradores na University College de Londres, pares de voluntários foram ligados a um aparelho mecânico que permitia que cada um fizesse pressão sobre os dedos do outro voluntário.
>
> O pesquisador deu início ao jogo exercendo uma quantidade X de pressão sobre o dedo do primeiro voluntário. A este foi, então, pedido que fizesse precisamente a mesma pressão sobre o dedo do segundo voluntário. A seguir, pediu-se ao segundo voluntário que exercesse a mesma pressão sobre o dedo do primeiro voluntário. E assim por diante. Os dois voluntários foram se alternando aplicando quantidades iguais de pressão sobre os dedos um do outro enquanto os pesquisadores mediam quanta pressão estavam, de fato, fazendo.
>
> Os resultados foram impressionantes. Embora os voluntários tentassem reagir ao toque uns dos outros com igual pressão, tipicamente reagiam com 40% mais força do que acabavam de experimentar. A cada vez que o dedo de um voluntário era apertado, este devolvia a pressão com mais força, o que levava o outro a apertá-lo ainda mais. O que havia começado como um jogo de toques suaves rapidamente se transformou num jogo de pressão moderada e, a seguir, em apertões, muito embora ambos estivessem fazendo de tudo para devolver a pressão correspondente.

Cada voluntário estava convencido de que reagia com pressão equivalente e que, por algum motivo, o outro voluntário a aumentava. Nenhum dos dois se deu conta de que a gradação era um subproduto natural de uma predisposição neurológica que faz com que a dor que recebemos pareça ser mais forte do que a que produzimos. Dessa maneira, infligimos mais dor do que sofremos.

Reflita agora sobre este experimento, descrito no *Journal of Language and Social Psychology*.

Estranhos, que aparentemente não tinham problemas comportamentais, foram colocados em cabines separadas. Foi pedido a eles que se comunicassem eletronicamente. Segundo o pesquisador, muitas das mensagens enviadas por esses jovens, perfeitamente educados e corteses, rapidamente se tornaram indelicadas, obscenas e profundamente desagradáveis.

Isso lhe soa familiar?

## Sarcasmo

O sarcasmo pode ser uma forma de ira menos direta, mas ainda é ira. A raiz grega de "sarcasmo" significa rasgar a carne, em geral com os dentes. Quando um animal selvagem morde a coxa da presa ele está, literalmente, sendo sarcástico. De todas as escolhas de tom que você pode fazer numa correspondência, a decisão de usar o sarcasmo deve ser considerada com cautela ou, de preferência, abandonada.

Estamos enfatizando a questão porque o sarcasmo é uma ferramenta de comunicação de grande popularidade, em especial em e-mails, em que as pessoas ficam menos inibidas e se vêem protegidas de confrontos cara a cara.

O *primeiro* problema do sarcasmo em e-mails não é muito óbvio: às vezes o receptor de uma mensagem sarcástica passa completamente ao largo daquela pequena aresta e toma a mensagem pelo seu sentido literal. "Muito obrigado por ter me incluído na reunião" é uma mensagem sarcástica se você tiver a sensação de que foi excluído de propósito. Se a pessoa que receber a mensagem não se lembrar se o convidou ou não, pode acabar achando que de fato o convidou e que você não se deu o trabalho de aparecer. "Ótima idéia", "Belo trabalho", "Bem a tempo" – todas essas frases podem ser sarcásticas. Ou não.

Mesmo em conversas, nem sempre é fácil detectar o sarcasmo. Quantas vezes já nos vimos boquiabertos diante de um colega nos perguntando se estávamos sendo sarcásticos? Afirmações sarcásticas lançam mão de deixas sociais que permitem ao ouvinte inferir um significado que muitas vezes não combina com o conteúdo do que foi dito. Dessa forma, a compreensão do sarcasmo exige a capacidade de perceber os sinais não-verbais e emocionais transmitidos pelos outros.

E, no entanto, as pessoas raramente suspeitam que o seu próprio sarcasmo possa não ser compreendido. Em estudo realizado por Jason Kruger e colaboradores na Universidade de Illinois pediu-se a alunos de graduação da Universidade Cornell que escrevessem a respeito de uma série de tópicos bastante familiares a universitários (esportes, comida, etc.), com ou sem o uso do sarcasmo. Também lhes foi perguntado com que freqüência acreditavam que suas afirmações seriam interpretadas corretamente pelos colegas – as pessoas captariam ou não o seu sarcasmo? Os participantes calcularam que ele seria captado em 97% das ocasiões. Foram excessivamente otimistas. As mensagens foram lidas corretamente apenas 84% das vezes. Em outras palavras, os alunos supervalorizaram em 13% a sua taxa de sucesso.

## Quando o sarcasmo dá errado

Eis como uma opinião sincera pode ser interpretada como sarcástica:

Um amigo nosso enviou um e-mail à sua gerente administrativa dizendo que o seu palmtop estava quebrado.

A resposta dela: "Oh, meu Deus, que HORROR!"

A dele: "Será que detectei uma pontinha de sarcasmo?"

E a resposta final dela: "Não, eu estava sendo sincera! Sei como você depende dele!"

E eis como o sarcasmo pode passar despercebido:

Um colega de David estava trabalhando com um jornalista esportivo, via e-mail, num artigo sobre basquete. Eles começaram a discutir a convocação para o campeonato de 2003 da NBA, na qual os Detroit Pistols escolheram Darko Milicic, jogador de pouca expressão, no lugar da estrela ascendente do esporte, Carmelo Anthony. O escritor opinou num e-mail que, depois de fazer uma análise estatística, concluíra que Anthony era um dos jogadores mais superestimados do basquete.

O colega de David então escreveu de volta: "Quer dizer, então, que Darko foi a escolha correta?"

A intenção da frase era transmitir sarcasmo. A despeito do que qualquer pessoa pudesse pensar de Anthony, ninguém em sã consciência acharia que Milicic fora uma escolha melhor.

No entanto, o jornalista respondeu, muito sinceramente: "Não, só que eles poderiam ter recrutado o Dwayne Wade."

Isso interrompeu a troca de e-mails, com o jornalista obviamente achando que o colega de David entendia muito pouco do assunto.

O *segundo* problema do sarcasmo é o mais óbvio: o objeto do seu sarcasmo compreender o tom, em especial se a intenção for magoar e não fazer rir. As pessoas detestam críticas sarcásticas por serem a mais mordaz e condescendente forma de queixa. Se você for o chefe e usar dessa artimanha num e-mail, poderá não observar a reação que causou, mas certamente ela não será agradável. E se você vive empregando esse tom ao escrever para um superior? Suicídio profissional. E com colegas, clientes e pares? Vendas perdidas. Amigos se sentindo desprestigiados. Se você precisa mesmo lançar mão do sarcasmo, o nosso conselho é fazê-lo em pessoa. Dessa forma, você pelo menos tem mais chance de saber logo se cometeu um grande erro e qual o tamanho da bobagem.

## Frases carregadas de significado e perguntas retóricas

Em e-mails, o sarcasmo provavelmente encontra a sua manifestação mais plena em expressões curtas mas carregadas de significado. Estas colocam especial ênfase no seu poder sobre o outro e jamais deveriam ser usadas. Leia-as em voz alta. Não há como evitar soar impaciente, condescendente e sarcástico. No papel ou na tela, ficam ainda piores. Mesmo se as pessoas a quem está dirigindo tais frases forem subordinadas a você, será que esse tipo de linguagem realmente vai lhe trazer algo positivo?

Não consigo imaginar por que...
Você vai ter de...
Seria demais eu pedir que...
Por que cargas-d'água...
Parece muito estranho que...
É só uma curiosidade, mas...
Daria para você me explicar...

E se você acha que essas frases podem ser ferinas, imagine do que é capaz uma pergunta retórica. Estamos falando aqui de frases do tipo: "Eu estou lhe fazendo esta pergunta porque a resposta, se é que existe resposta, certamente vai humilhá-lo." Os gregos tinham um nome para isso: *epiplexis*, fazer perguntas com o único intuito de magoar ou degradar.

A seguir, a *epiplexis* usada em e-mail, em sua melhor – ou pior – forma:

Algum tempo atrás, nossa amiga Ana (cujo nome foi alterado), chegou ao trabalho, ligou o computador e foi recebida pelo seguinte e-mail. (Alguns detalhes que poderiam facilitar a sua identificação foram mudados, mas todo o resto é real.)

> ana,
> em que planeta você vive? você finge não notar que fabrica a realidade? como pode se achar no direito de qualquer coisa quando não tinha – não tem – CONTRATO ALGUM comigo? o seu emprego está em perigo? a situação financeira da sua empresa está tão ruim que você precisa, mais uma vez, sugar o meu sangue? as palavras "práticas comerciais nocivas" atingem algum nível da sua consciência, mesmo que remotamente? ou da sua ética? há muito tempo vinha me perguntando o que me incomodava em ter de lidar com a sua empresa. finalmente descobri, graças ao seu e-mail – a presunção. você sabe o que a palavra significa?... favor evitar me contatar diretamente.

Ah, sim, e trazia uma imensa lista de Ccs e talvez até mesmo algumas Ccos, também.

Leia este outro e-mail classicamente sarcástico recebido por Will. Os detalhes confidenciais foram removidos.

Will,

Você não acha que esse anúncio foi imensamente infeliz? Em sã consciência, publicaria um anúncio desses no jornal? O que esse povo estava pensando? Sei que o prazo de vocês está apertado... mas não dava para alguém ter me mostrado o anúncio antes?

De certa maneira, esse e-mail foi muito eficaz – ninguém teve dúvida alguma quanto aos sentimentos de quem o escreveu. Mas também foi irritante. É óbvio que nenhuma dessas perguntas poderia ser respondida sem que alguém tivesse de admitir o mais completo mau gosto, a incompetência e a desconsideração pelos sentimentos da pessoa cujo produto está sendo anunciado. Antes de enviar uma mensagem contendo perguntas, é uma boa idéia tentar imaginar que o destinatário talvez precise dar algumas respostas que você não quer ouvir.

É instrutivo perceber como o tom muda drasticamente quando as perguntas retóricas são removidas:

Will,

Não gostei do anúncio. Não consigo vê-lo publicado no jornal. Sei que você tem prazos a cumprir, mas preciso que me mostrem os anúncios mais cedo.

A insatisfação do escritor ainda é palpável. A diferença é que o "verniz" de humilhação criado pelas perguntas desapareceu.

Como regra geral, se uma pergunta não puder ser respondida sem desprestigiar a outra pessoa; ou se você já souber a resposta, mas não gostar dela; ou se não souber, mas não se importar com ela; então não se trata de uma pergunta, ela existe apenas pelo tom. Não é que você nunca deva lançar mão de perguntas retóricas cortantes; o importante é saber que elas são bombas capazes de causar danos significativos.

Se você não puder correr o risco de irritar alguém, jamais use perguntas retóricas ou frases cheias de múltiplos significados. E mesmo se puder, precisa se perguntar: por que sinto necessidade de afirmar a minha autoridade sobre essa pessoa?

### O e-mail nos deixa mais burros?

Caso você esteja preocupado, não existem provas de que o e-mail cause perda de inteligência. Reportagens recentes citando "um estudo" afirmavam que verificar e-mails pode diminuir o QI de uma pessoa tanto quanto perder uma noite de sono ou fumar maconha. Errado. A amostragem do estudo? Oito pessoas. E não se tratava de um estudo sobre e-mails e, sim, sobre interrupções: foi pedido aos participantes que solucionassem problemas complexos enquanto eram bombardeados por e-mails *e* telefonemas. Não surpreendentemente, os assediados participantes tiveram um desempenho pior do que pessoas a quem foi pedido para realizar as mesmas tarefas com paz e tranqüilidade.

## Má-fé

Nem todo e-mail desagradável chega anunciado a plenos pulmões ou contém um comentário devastador. O e-mail também pode promover a fofoca e a má-fé.

Não estamos falando de pecados de desinibição ou de crimes passionais. Estamos falando daquelas coisas que as pessoas fazem quando acham que podem se safar com elas. Lamentavelmente, o e-mail faz com que seja fácil cometer atos maldosos. O conhecimento se transforma em poder, a ser distribuído de forma seletiva. Você protege o seu terreno derrubando os outros. Compartilha prazer com a desgraça alheia.

Compare o seguinte:

Você e um colega estão na sala do chefe. Seu colega faz um comentário idiota. Você adoraria fazer mais do que trocar um olhar debochado com o seu chefe, mas não ousa. Ao final da reunião, quando uma dissecação privada do comentário da pessoa seria possível, o momento já passou. Logo, o comentário é esquecido.

e

Você está na sua sala quando você e um colega recebem um e-mail do chefe. Seu colega responde aos dois com um comentário idiota. Você imediatamente envia um e-mail ao seu chefe (e apenas ao seu chefe) expressando a sua exasperação. O momento cria um elo entre o chefe e você, porém à custa de outra pessoa. (Se os chefes não fossem humanos, desencorajariam esse tipo de comportamento.)

## Cuidado com os e-mails que revelam sua intimidade

O e-mail possui vantagens óbvias para relacionamentos amorosos. Pense nisso: da segurança do seu computador – seu computador *de casa*, devemos acrescentar – você pode dizer todas aquelas coisas espirituosas, atraentes e cativantes que nunca, nem em um milhão de anos, seria capaz de dizer para o objeto do seu afeto cara a cara. Em e-mails (ou em sites de relacionamento ou via mensagens de texto), ninguém gagueja ou ruboriza. Mau hálito, cabelos desgrenhados, roupa mal escolhida, nenhuma dessas coisas entra em jogo quando se flerta no reino digital.

Nesse aspecto, o e-mail é um presente do Cupido. Também funciona bem para quebrar o gelo. Mas tome cuidado: existem muitas oportunidades de atravessar o gelo e cair direto na água gelada. E, de quebra, se afogar.

Já mencionamos que o e-mail é praticamente permanente, passível de busca e fácil de arquivar? Ou que existe uma lei cósmica que diz que, mesmo se um e-mail amoroso de alguma forma já foi apagado e destruído, pode também ter sido impresso e arquivado, fisicamente? Ou que, ao sair discando números de telefone enquanto se está bêbado, sempre existe a possibilidade de cair em si e desligar antes de deixar um recado do qual se arrependerá? (No caso de enviar e-mails enquanto se está bêbado, a mensagem vai e não volta.) Ah, e também existem os torpedos enviados quando se está bêbado, que também podem ser um perigo. Em 2008, um britânico conseguiu que lhe concedessem uma medida cautelar contra uma ex-namorada enfurecida que lhe enviou mais de 10 mil mensagens de texto no período de dois meses.

Aqui estão algumas dicas básicas.

Se você está trocando correspondências românticas com alguém e não quer que elas sejam compartilhadas com o resto do mundo, não o faça por e-mail.

Se você decidir arriscar tudo por amor e enviar e-mails quentes (ou mesmo mornos), então use sempre contas de e-mail pessoais, e não de trabalho. (Para se ter uma idéia, muitas empresas têm políticas de internet que lhes permitem ler os e-mails de seus funcionários.)

Embora não seja a nossa função julgar o comportamento alheio, nos sentimos na obrigação de informar que a comunicação eletrônica muitas vezes desempenha um papel de destaque em processos de divórcio. Por exemplo: e-mails escritos num computador compartilhado por toda a família podem, facilmente, ser apresentados como prova.

Se os fatos acima não são assustadores o bastante, reflita no caso seguinte:

Em 2005, Harry Stonecipher, presidente da Boeing, foi demitido depois que e-mails revelaram que ele estava tendo um caso extraconjugal com uma funcionária.

Em 2007, a NASA divulgou e-mails românticos trocados pelos astronautas Lisa Nowak e William Oefelein.

No início do mesmo ano, Alycia Lane, repórter de um canal de televisão da Filadélfia, enviou fotos sensuais dela mesma via e-mail para Rich Eisen, âncora da NFL Network. Os e-mails chegaram às mãos da esposa do Sr. Eisen, Suzy, que enviou uma resposta ótima para a Srta. Lane, igualmente por e-mail: "Nossa, você fica mesmo incrível de biquíni. Parabéns! Não há forma mais apropriada para conseguir a atenção de um homem do que mostrando o corpo." (A Srta. Lane respondeu, de forma muito pouco convincente, dizendo: "Acho que você está me entendendo mal... É tudo muito inocente. Pode ficar descansada.")

Em janeiro de 2008, Charles Rosenthal, promotor público de Houston, anunciou que não concorreria à reeleição, isso depois que mensagens românticas apimentadas, enviadas e recebidas pela sua conta no condado, foram descobertas.

Nesse mesmo mês, Christine Beatty, chefe de gabinete do prefeito de Detroit, Kwame Kilpatrick, se demitiu depois que milhares de mensagens de texto foram divulgadas, indicando que ela e o prefeito haviam tido um caso extraconjugal – algo que tinham negado sob juramento.

Todos esses transtornos devem servir de aviso. Embora a mistura de e-mails e coisas do coração possa levar ao amor e ao romance, tendo como base uma afeição compartilhada pela palavra escrita, também pode levar ao mais completo desastre. Proceda com cautela.

P.S.: Apaixonar-se via e-mail tudo bem, mas terminar um relacionamento via e-mail é inaceitável.

## A lista de Deborah Tannen das seis diferenças entre homens e mulheres quanto ao uso do e-mail

A raiva é complicada sob qualquer circunstância; e o gênero pode complicá-la ainda mais. Conforme nos relatou a lingüista Deborah Tannen, homens e mulheres tendem a ter estilos de conversa diferentes, e como "a combinação de velocidade e anonimato" do e-mail leva a uma maior agressividade, há mais oportunidade para mal-entendidos do que em qualquer outra forma de comunicação.

1. Brigas virtuais. Citando a pesquisa realizada por Susan Herring, Tannen explica que muitos homens usam uma linguagem agressiva porque acham engraçado. Como as mulheres não usam a agressão da mesma forma, muitas vezes interpretam essas mensagens literalmente e podem ficar desconcertadas ou, até mesmo, se sentir atacadas.
2. Direto ao assunto. Mais mulheres do que homens querem sentir que existe um relacionamento pessoal estabelecido antes de mergulhar no assunto em pauta: elas esperam pelo menos uma ou duas amenidades no início do e-mail.
3. Falando sobre problemas. Quando mulheres se queixam com um colega numa conversa ao vivo, querem empatia, não conselhos. Quando homens ouvem queixas, no entanto, não querem oferecer empatia, querem solucionar o problema apresentado. Isso também pode ocorrer em e-mails.
4. Piadas. Homens costumam mandá-las com mais freqüência.
5. Provocações. Os homens costumam achar graça; as mulheres tendem a levá-las para o campo pessoal.

6. Pedidos de desculpas. Os homens são bem mais propensos do que as mulheres a achar que um pedido de perdão via e-mail é suficiente.

## Algumas palavras sobre a mesquinharia

Se você quer ser mesquinho, é melhor não fazê-lo via e-mail.

Richard Phillips, advogado londrino especializado em informática e comércio eletrônico, estava almoçando quando Jenny Amner, secretária da empresa, sem querer deixou cair ketchup nas calças dele.

Após o incidente, Phillips se sentiu no dever de enviar o seguinte e-mail para Jenny:

> Oi, Jenny. Fui à lavanderia na hora do almoço e me disseram que custaria 4 libras para remover as manchas de ketchup. Se você puder me dar o dinheiro hoje, seria ótimo. Grato, Richard.

Quando não recebeu uma resposta imediata, continuou a perseguir o seu intuito, e até pediu que uma colega deixasse um bilhetinho sobre a mesa de Jenny lembrando-lhe da dívida.

Então, Jenny respondeu via e-mail com cópia para centenas de pessoas da firma:

> **Assunto**: Re: Calças com ketchup
> Com referência ao e-mail abaixo, devo me desculpar por não ter lhe dado um retorno imediato, mas por conta da súbita doença, morte e enterro de minha mãe, tive assuntos mais imediatos para resolver do que as suas 4 libras.
> Mais uma vez, venho me desculpar por ter deixado respingar um pouco de ketchup nas suas calças. É óbvio que a sua necessidade financeira como advogado sênior é bem maior do que a minha como reles secretária.

Já conversei e mostrei o seu e-mail e o bilhete de Anne-Marie para vários sócios, advogados e estagiários da firma, e todos gentilmente se ofereceram para fazer uma vaquinha e arrecadar as 4 libras.
Eu, no entanto, recusei a gentil oferta, mas, caso você sinta a necessidade urgente de recolher o dinheiro, estará sobre a minha mesa esta tarde. Jenny.

Se a troca não tivesse sido feita por e-mail, não teria caído nas mãos dos jornais ingleses nem acabado neste livro.

## Recuperando e-mails

Certo. Você acaba de enviar um e-mail muito maldoso e muito idiota para alguém e gostaria de recuperá-lo antes de a pessoa recebê-lo. Isso é possível?

Bem, sim e não.

Teoricamente, o seu sistema *poderia* ser configurado de forma a permitir que você removesse uma mensagem do servidor de e-mail do destinatário a qualquer momento antes de ele a receber. Mas a capacidade de destruir a correspondência que já chegou ao seu destino significaria que nenhuma correspondência estaria segura. Se alguém tivesse a capacidade de entrar no servidor de e-mail do correspondente para trazer de volta a sua mensagem, poderia fazer coisas bem piores.

Alguns provedores de e-mail já encontraram uma solução para esse problema. A AOL, por exemplo, oferece um webmail que proporciona uma função *Unsend* ("desenviar"). Os usuários da AOL que enviarem e-mails para outros dentro do mesmo sistema podem "desenviar" ou modificar o que já foi enviado até o instante em que o destinatário ler as mensagens.

## Como ficar longe de problemas

As regras para lidar com e-mails emotivos não são tão difíceis:

Se você não faria o comentário na cara da outra pessoa nem esperaria para ouvir a resposta, provavelmente não deveria colocá-lo num e-mail.

É difícil imaginar muitas situações nas quais você precisaria recuperar uma mensagem agradável.

:: CAPÍTULO 6 ::

# O e-mail que pode levá-lo para a cadeia

>> Vivemos sob a ilusão de que a comunicação via e-mail é íntima e efêmera.

Não mesmo. É facilmente levada a público e pode durar para sempre. Quem se esquece disso pode ter de lidar com conseqüências devastadoras, quer trabalhe para grandes multinacionais, um pequeno negócio, uma organização sem fins lucrativos ou por conta própria.

Assim que o e-mail foi criado, começou a haver demissões por conta de seu uso indevido. Pelo que sabemos, a primeira catástrofe envolvendo e-mails ocorreu na agência William Morris de Los Angeles, em 1992. Seis funcionários foram demitidos depois de encaminharem, por acidente, mensagens depreciando o caráter de executivos da empresa. Esse pode ter sido o primeiro incidente, mas certamente não foi o último.

E não é só o *seu* emprego que você pode mandar às favas – o que você coloca em um e-mail pode ajudar a afundar uma empresa inteira. Pense na Enron. Pense na Arthur Andersen. Pense na Merck. Na última década, cresceu exponencialmente o número de processos corporativos nos quais correspondências eletrônicas ilegais, mal administradas ou inadequadas se transformaram em provas cruciais. Não é de surpreender que o ramo da descoberta eletrônica esteja explodindo, saltando de 500 milhões de dólares em 2003 para 2 bilhões de dólares em 2005.

O e-mail abaixo, enviado por um funcionário da A. H. Robbins (fabricante do composto fen-phen) para outro, foi usado numa ação civil de homicídio causado pelos efeitos colaterais do remédio para emagrecimento.

> Será que vou ter de passar o resto dos meus dias emitindo cheques para gente gorda preocupada com um probleminha nos pulmões?

E este chegou às nossas mãos saído dos arquivos de uma empresa que analisa e-mails incluídos em processos contra grandes organizações:

> A gente conseguiu resolver aquela ilegalidade sobre reter despesas e dinheiro de aposentadoria?

Estamos presumindo que você não seja um criminoso. Conseqüentemente, este capítulo não será dedicado a e-mails que servem de prova em crimes – dicas internas para negociatas de todos os tipos, esquemas fraudulentos, mapas revelando onde corpos foram enterrados. Em vez disso, vamos tentar apontar algumas das armadilhas menos óbvias. O e-mail tem uma capacidade especial de fazer parecer que você está fazendo alguma coisa ilegal mesmo quando não está.

## O e-mail que parece criminoso, mas não é

Uma empresa chamada Cataphora, que ajuda advogados a analisar e revisar e-mails em casos nos quais milhões de mensagens precisam ser esmiuçadas, encontrou isto durante uma investigação:

Será que dava para a gente conversar sobre aquele negócio que a gente estava conversando no outro dia enquanto falávamos sobre aquele outro negócio? É bastante urgente.

Soa muito suspeito, não? Só que "aquele negócio" poderia ser uma festa surpresa pela aposentadoria de alguém. Num tribunal, no entanto, esse e-mail fatalmente pareceria prova de uma conspiração. (É por isso que a seqüência dos e-mails é tão importante: o contexto é tudo.)

O programa que permite aos advogados localizarem e-mails que servem de prova em processos é sofisticado. O da Cataphora, por exemplo, não busca apenas palavras "quentes" ("Al Qaeda", dicas internas para uma negociação, o nome de um produto em especial). Ele busca uma linguagem "preocupada", frases e expressões como: "não consigo dormir", "pressão alta", "confuso e desnorteado". Também busca combinações de palavras que pareçam esconder alguma coisa – ver "aquele outro negócio", mencionado anteriormente.

E mais, busca mudanças bruscas no estilo de uma pessoa escrever um e-mail: um contador que nunca usou pontos de exclamação ou caixa alta começa a usá-los o tempo todo; um banqueiro que nunca envia e-mails durante a noite passa a enviá-los às 3 horas; um corretor de valores que costumava encaminhar e-mails com mensagens curtas agora o faz com instruções detalhadas. Ele busca, até mesmo, comportamentos "duas caras", comparando diferentes apresentações para um mesmo e-mail encaminhado para pessoas diferentes.

Há programas que também buscam padrões de tráfego. Suponhamos que você retire um colega da sua lista de e-mail. Você o fez porque não queria incomodá-lo ou porque não queria que ele tivesse a informação da qual precisava para fazer o trabalho? Se você tiver agido de má-fé e ele acabar sendo demitido e entrar com um processo, o seu comportamento, assim como os seus e-mails, poderão fazer parte do processo. Ou imagine como ficaria suspeito se você trabalhasse numa instituição financeira e não convidasse o seu analista de conformidade para uma reunião importante. (Uma forma de evitar esse tipo de erro é ter uma lista de endereços preestabelecida para cada equipe ou grupo de trabalho. Dessa forma, ninguém é tirado do circuito acidentalmente.)

>> **Conselho: Seja consistente na forma de escrever os seus e-mails, de incluir destinatários e quanto aos horários em que os envia.**

### frases idiotas (e reais) escritas em e-mails que acabaram no tribunal*

1. APAGA ESTE E-MAIL!
2. NÃO conte ao Joe.
3. Será que a gente vai conseguir se safar?
4. Eles nunca irão descobrir.
5. Estou muito preocupado.
6. Não ligo para o que vai fazer.
7. Talvez isto não seja legal.

* Gentilmente cedidas pela Cataphora

## O e-mail que faz perguntas que podem voltar para assombrá-lo

Quando é que uma pergunta não é apenas uma pergunta? Quando é feita por e-mail.

O seguinte e-mail foi usado como prova incontestável num caso:

Não me sinto à vontade com a forma como essas transações foram conduzidas. O que você acha que eu devo fazer a respeito?

Perguntas como essa podem ter implicações legais. Por exemplo, se você é o cientista de uma companhia farmacêutica se perguntando se deve executar um determinado teste com a "droga milagrosa" da empresa, fica inevitavelmente obrigado a fazê-lo uma vez que lançou a pergunta via e-mail. Se não o fizer e, mais tarde, algo der errado com o medicamento, o seu e-mail poderá ser a prova necessária para provar intenção torpe ou negligência.

Não estamos sugerindo que você nunca mais faça uma pergunta. Apenas dizendo que até mesmo a mais inocente e bem-intencionada pergunta feita via e-mail pode passar a fazer parte de um registro permanente e desencadear uma cascata de conseqüências inesperadas.

Para ilustrar o que queremos dizer, veja este exemplo dado por um amigo de Will. Ele nos contou que na empresa em que trabalha costuma receber "o e-mail de 5 mil dólares". Toda vez que alguém que lhe pergunta, por e-mail, se determinado texto precisa "de uma revisão jurídica", isso já significa que é melhor a empresa mandar fazer uma – mesmo que uma leitura jurídica (que custa 5 mil dólares) do material em questão seja ou não necessária.

» **Conselho: Existem certos tipos de frases com as quais se deve ter cuidado ao escrever sobre assuntos potencialmente delicados. Se você se pegar escrevendo num e-mail: "Você acha MESMO uma boa idéia...?", esteja ciente de que está implícito que *você* não acha. Expor a sua preocupação com uma pergunta não irá livrar a sua cara mais tarde.**

## Privacidade no trabalho

Leia estes trechos verídicos do código de conduta de uma grande empresa:

Esperamos que você use de critério e discrição ao utilizar os recursos da Grande Empresa (incluindo sistemas, arquivos, livros e registros). Você não deverá tratar de qualquer assunto significativo de natureza pessoal nas dependências da Grande Empresa enquanto estiver a serviço da mesma ou usando equipamentos ou pessoal da Grande Empresa. As instalações, as propriedades e os materiais da Grande Empresa, incluindo sistemas de informática e arquivos mantidos e usados por sistemas eletrônicos (ex: sistemas de correio eletrônico, correio de voz e arquivos de computador), independentemente da proteção por senha; telefones, fotocopiadoras; sala de correspondência; papel timbrado; marca registrada; logomarca; todos são propriedade da Grande Empresa e lhe são proporcionados para o desempenho de suas funções junto à Grande Empresa (...).
Esperamos que você utilize os sistemas eletrônicos da Grande Empresa para objetivos profissionais apropriados. Por exemplo, você jamais deverá enviar um e-mail cujas mesmas palavras não colocaria em uma carta ou memorando se não quiser que sejam examinadas como parte de um processo jurídico ou investigação; e nunca deverá utilizar o e-mail (ou qualquer outro tipo de comunicação eletrônica) para distribuir material ofensivo, vulgar ou pornográfico. Compreendemos que alguma utilização pessoal dos sistemas eletrônicos da Grande Empresa seja inevitável. Esperamos, no entanto, que tal utilização seja mantida a um mínimo razoável. Lembre-se de que até mesmo dados pessoais guardados nos sistemas da Grande Empresa estão sujeitos a essa política. Os nossos sistemas não podem

ser utilizados para enviar ou encaminhar conteúdos que violem a nossa política contra discriminação e assédio ou para quaisquer objetivos que possam ser enganosos, desonestos ou, de alguma forma, impróprios. Embora seja impossível especificar cada uso potencialmente impróprio dos sistemas eletrônicos da Grande Empresa, alguns exemplos incluiriam enviar e-mail que pareça ser de alguém que não você mesmo ou que mascare a verdadeira identidade do remetente ou acessar arquivos eletrônicos além dos seus ou daqueles diretamente relacionados ao seu trabalho.

E-mail e correio de voz não configuram comunicação pessoal. Embora a Grande Empresa não tenha a intenção de monitorar rotineiramente os conteúdos de mensagens eletrônicas ou de voz, ela se reserva o direito de pedir que seu pessoal autorizado inspecione quaisquer dados armazenados nos seus sistemas (incluindo sistemas de computador, e-mail e correio de voz), todo correio enviado para e dos endereços comerciais da Grande Empresa e todas as suas salas, móveis, acessórios, arquivos ou outra propriedade. Dessa forma, você não deve usar o e-mail ou o correio de voz para qualquer comunicação que espere manter particular ou pessoal.

Achou incomum? Não é.

A maioria das empresas monitora ativamente os e-mails dos funcionários – até mesmo quando você está escrevendo da sua conta de e-mail pessoal. Segundo a American Management Association e o ePolicy Institute, 36% dos empregadores estão usando software para rastrear conteúdo, batidas no teclado e tempo passado no computador; e 38% têm gente cujo trabalho é monitorar o seu e-mail. Mais de metade dos empregadores pesquisados disseram que haviam demitido ou punido funcionários que não seguiram a política de e-mails da empresa.

Então, qual é a moral da história quando o assunto é verificar contas de e-mail pessoal no ambiente de trabalho? Perguntamos à diretora de recursos humanos de uma grande organização e ela confirmou que não há como, tecnologicamente falando, a empresa checar as mensagens de e-mail que você *já* enviou usando uma conta pessoal na web, a não ser que se indicie o provedor, por exemplo. Mas se suspeitarem que você anda aprontando, poderão monitorar os e-mails que você está enviando *agora* da sua conta pessoal, à medida que você os envia (usando um software que captura o que é digitado, por exemplo). E se a política corporativa estabelece que os funcionários não podem usar os computadores para quaisquer fins pessoais, a empresa não precisa de permissão jurídica alguma. O conselho da diretora: não coloque num e-mail pessoal enviado de um computador da empresa nada que você não queira ver nas mãos do RH.

## O e-mail que não tem tanta graça assim

Você já ouviu aquela do cara que encaminhou um e-mail engraçadíssimo para o departamento inteiro?

Foi demitido!

Muitas pessoas usam o e-mail para enviar piadas. Trata-se de um hábito perigoso. Na melhor das hipóteses, as piadas oferecem um divertimento fugaz; na pior, proporcionam provas poderosas de um ambiente de trabalho hostil.

E, no entanto, as pessoas persistem. Segundo pesquisa realizada pela American Management Association e pelo ePolicy Institute, 60% dos usuários de e-mail admitem ter enviado, no trabalho, mensagens com conteúdo impróprio para menores; 50% disseram ter recebido e-mails, em parte com intenções humorísticas, que eram racistas, sexistas, pornográficos ou, de alguma forma, depreciativos.

Há muitos motivos morais e éticos para não enviar (ou tolerar) e-mails ofensivos no local de trabalho. E há custos financeiros, também. Em abril de 2006, a filial da Casa da Moeda dos EUA, em Denver, concordou em pagar quase 9 milhões de dólares às suas funcionárias mulheres relativos a uma ação de assédio sexual. Parte do caso baseava-se em e-mails de conteúdo sexualmente explícito. A Casa da Moeda não está sozinha. Vinte e sete por cento das 500 maiores empresas do mundo já tiveram de lidar com ações de assédio envolvendo e-mails.

>> **Conselho: Se você estiver procurando uma lista de coisas sobre as quais não brincar num e-mail, não precisa ir mais longe do que a política de não-discriminação da sua empresa ou de uma organização que você admire. Para começar, não é apropriado brincar com nenhum dos seguintes temas: raça, credo, cor, nacionalidade, gênero, etnia, orientação sexual, religião, estado civil, invalidez e doença mental.**

### Atualize o campo Assunto

Não alterar o campo Assunto toda vez que você passar para um novo tema, além de deixar o destinatário perdido, pode complicá-lo com a justiça. Digamos que você colocou o nome da Empresa X no seu campo Assunto em janeiro. E, digamos que, como muitos de nós, você mantém o campo Assunto inalterado, embora já não esteja mais falando sobre a Empresa X. Então, suponhamos que a Empresa X seja indiciada em abril. Todos os seus e-mails com as palavras "Empresa X" – até mesmo os que nada têm a ver com a Empresa X e que contêm detalhes embaraçosos sobre os seus problemas de higiene pessoal – acabam incluídos nos autos do caso. E se você mencionou a Empresa Y, bem, ela acabará arrolada também, assim como todos os e-mails relacionados à Empresa Y. Portanto, atualize o campo Assunto. É para o seu próprio bem.

## O e-mail que não deveria ter sido compartilhado

Eis como uma resposta bem-intencionada pode causar problemas. Imagine que alguém lhe faz uma pergunta via e-mail. Você responde que não pode responder porque o seu chefe está na Filadélfia. Essa migalha de informação, aparentemente inocente, ajuda à pessoa que lhe escreveu a confirmar os boatos de que a empresa para a qual você trabalha está prestes a ser adquirida pela Empresa W, sediada naquela cidade. Se essa pessoa com a qual falou comprar uma boa quantidade de ações e chamar a atenção do governo, você pode acabar em maus lençóis.

Há outra maneira. O advogado da sua empresa lhe envia um e-mail que vem marcado com "conteúdo sigiloso e confidencial". Você o responde com cópia para alguém de fora da empresa que não tem ligação alguma com o caso. Meus parabéns! O documento agora pode ser introduzido num processo judicial. E, dependendo da política da sua empresa, o ato de tê-lo encaminhado é o suficiente para garantir a sua demissão.

>> **Conselho: Falar demais sempre causa problemas – compartilhar e encaminhar e-mails também.**

## Burlando a metadata

Todos os documentos do Word contêm metadata, uma codificação que oferece o histórico do texto para qualquer um competente o bastante para decifrá-la. Quem enviou o original? Quando o enviou e para quem? Quem fez as mudanças? Tudo isso e muito mais pode ser descoberto na codificação oculta ou aberta.

Há muitos exemplos de informações sigilosas que foram expostas por meio da metadata: segredos militares num relatório sobre a morte do agente italiano Nicola Calipari, no Iraque; desentendimentos entre países num relatório das Nações Unidas. Em cada um desses casos, a metadata revelou vestígios de versões anteriores e os nomes dos indivíduos cujas contribuições deveriam ter permanecido ocultas.

Há duas fontes principais para essa metadata: informações do perfil do usuário e fragmentos de versões anteriores. O usuário costuma colocar seu nome, nome da empresa para a qual trabalha e, com freqüência, endereço e telefone quando inicializa o computador pela primeira vez e, algumas vezes, quando usa um aplicativo pela primeira vez. Essas informações, então, se incorporam a qualquer documento que ele roda a partir de então. Se você tiver mesmo de incluir essas informações (ou se a sua empresa o fizer por você), há várias formas de removê-la mais tarde. O processo é diferente no caso de cada programa. Observe que limpar a metadata que revela versões anteriores pode ser mais complicado, porque há muitos tipos de metadata e a maioria exige um comando diferente e obscuro para desabilitá-la. É sempre possível "lavar" os seus arquivos salvando-os apenas como texto, mas isso também removerá toda a formatação. Certos softwares podem livrar documentos da metadata ao mesmo tempo que protegem a sua formatação.

## O e-mail que você deveria ou não deveria ter guardado

O que é e o que não é passível de ser descoberto durante um processo? Por quanto tempo você deve guardar os seus registros de e-mail? Quem paga o imenso custo de recuperar e-mails num processo? Em resposta a tudo isso, a maioria das empresas formulou uma política própria para deletar e arquivar. O objetivo é armazenar o mínimo possível, mas o suficiente para manter um negócio funcionando, o que depende do ramo no qual você se encontra.

Ao guardar e-mails, o fundamental é lembrar-se disto: seja consistente. Guarde o mesmo tipo de coisas; livre-se do mesmo tipo de coisas. As pessoas se vêem em maus lençóis quando fazem desvios e exceções. Na verdade, houve casos de e-mails que teriam isentado empresas em processos serem desconsiderados porque não foram arquivados de acordo com a política preexistente. Ah, e ter o arquivo impresso não significa que você tenha provas. Um e-mail que não foi extraído do servidor da empresa depois da intimação pode não valer no tribunal.

Além disso, você não pode aderir à política de arquivos da sua empresa retroativamente. Veja o que aconteceu com um sócio da Arthur Andersen durante o colapso da Enron. Quando as coisas pareciam ir mal, mas antes de a ordem ser expedida para que todos os registros fossem apresentados em juízo, o sócio em questão resolveu, por conta própria, livrar-se de todos os registros que poderiam ter sido deletados antes de acordo com a política da empresa e não foram. O tribunal não viu esse ato com bons olhos.

E o que fazer se você souber que alguém com quem se corresponde está sob investigação? Segundo Elizabeth Charnock, presidente da Cataphora, mais gente do que se pode imaginar considera isso uma deixa para percorrer as caixas de entrada e saída apagando cada registro da correspondência com o suspeito. Essa não é uma boa idéia. Os investigadores provavelmente já têm (ou conseguirão) um registro da sua troca. E se você for intimado a depor, o seu ataque de limpeza apenas servirá para fazê-lo parecer culpado. Algumas empresas de investigação eletrônica deixam vazar que estão chegando a determinada empresa e simplesmente começam a análise pelos arquivos deletados.

Por fim, lembre-se: no instante em que o seu advogado lhe avisa que você recebeu uma intimação, tudo fica congelado. Você não pode apagar nenhum dos e-mails relevantes até ele lhe dar permissão. Um levantamento feito em 2006 concluiu que 24% de todos os empregadores já receberam ordens para apresentar e-mails de funcionários no decorrer de um processo ou uma investigação regulatória. A Morgan Stanley recebeu uma multa de 1,45 bilhão de dólares, em parte porque o juiz decidiu que a empresa agira de má-fé ao não apresentar os e-mails relevantes. No entanto, a incompetência, e não só a má-fé, pode gerar uma multa e lhe custar um processo, também.

Quando surgem processos, as pessoas imediatamente se preocupam com tudo aquilo que escreveram. Mas também precisam se preocupar com os e-mails que receberam e deixaram de responder.

O que você deve buscar? Leia este e-mail verídico desenterrado recentemente para um caso:

> É tudo inútil. Não pode ser feito. Temos de deixar que o cliente saiba que não podemos cumprir o contrato com ele. São muitos os riscos e defeitos.

Teria a mensagem vindo de um delator assumido ou de um funcionário exausto que precisava desabafar com alguém? Ninguém sabe. Mas você precisa fazer alguma coisa a respeito, quer isso signifique responder à mensagem, encaminhá-la a alguém que esteja acima de você na hierarquia ou ligar para os advogados.

>> **Conselho: Se você trabalha para uma empresa, siga a política de arquivamento que ela estabelecer, seja consistente e não enfie a cabeça na areia.**

### Como apagar uma mensagem de forma definitiva

Algumas pessoas guardam tudo; outras jogam tudo fora. O principal é pensar que apagar uma mensagem é o mesmo que tirar o lixo da cozinha e colocá-lo no corredor. Continua lá. Se você realmente quer que um e-mail desapareça, precisa apagá-lo da sua caixa de entrada, deletá-lo da pasta de itens excluídos e, então, usar algum outro sistema – um "delete seguro" ou programa de regravação – para ter certeza de que não está, simplesmente, em outra parte do drive, mas que foi gravado por cima 16 ou 20 vezes e que, portanto, tornou-se impossível de ser encontrado. Aliás, se você trabalha para uma empresa que possui um sistema de back-up eficaz, isso provavelmente não vai ser suficiente. É provável que continue lá.

## Na dúvida...

O que fazer se você tiver de passar adiante informações potencialmente delicadas do ponto de vista jurídico? Bem, eis o que o ex-governador de Nova York, Eliot Spitzer, costumava dizer quando era procurador-geral: "Nunca fale quando pode assentir com a cabeça. E nunca escreva quando pode falar. Meu único adendo é: nunca coloque no e-mail."

Sim, nós sabemos que Spitzer renunciou. E que, antes disso, o seu curto governo esteve envolvido numa controvérsia cujas provas estavam contidas, justamente, em e-mails. Mas, ainda assim, é um bom conselho.

:: CAPÍTULO 7 ::

# Como evitar que o e-mail controle a sua vida

>> Uma pergunta que sempre surge nas conversas sobre as complicações do e-mail é a seguinte: o que fazer para não deixá-lo tomar conta da sua vida? Oferecemos algumas sugestões para contornar quatro dos grandes desafios que mais atormentam as pessoas que tentam evitar que suas vidas sejam consumidas pelos e-mails.

## Como manter a caixa de entrada sob controle

São duas as principais escolas de pensamento sobre como manter uma caixa de entrada sob controle: a abordagem da mesa arrumada e a da mesa desarrumada.

Vamos começar pela da mesa arrumada. Algumas pessoas cultuam a ordem. Elas não costumam ter pilhas de papéis avulsos sobre a mesa ou pelo chão. Lêem a correspondência tradicional apenas quando têm tempo para arquivá-la ou dar encaminhamento ao que é solicitado. São capazes de colocar as prateleiras de livros e a de temperos em ordem alfabética. É dessa forma que funcionam melhor. Para essas pessoas, a abordagem da "caixa de entrada zerada" é provavelmente a melhor.

A abordagem é inspirada no livro de David Allen, *A arte de fazer acontecer*. Há muitas variações desse sistema, mas a idéia principal é a seguinte: não use a sua caixa de entrada como uma sala de espera ou uma lista de coisas a fazer. Limpe-a assim que possível. As técnicas incluem responder ou resolver os e-mails que puderem ser respondidos ou resolvidos no período de no máximo dois minutos; transferir para uma pasta de pendências qualquer coisa que leve um pouco mais de tempo; encaminhar, arquivar ou deletar, sempre que possível, e fazer uso extensivo de mensagens-padrão e respostas automáticas para responder a e-mails de rotina.

Igualmente popular entre a turma da mesa limpa, e defendida por Timothy Ferris, autor de *Trabalhe 4 horas por semana*, é a estratégia de informar às pessoas via resposta automática que você só vai verificar os seus e-mails duas vezes ao dia às, digamos, 11 horas e 16 horas. Isso certamente não funciona para todos os ramos de negócios e nem todos os chefes irão permiti-lo, mas pode ser praticado em mais situações do que se pode imaginar.

Além disso, Ferris recomenda ficar off-line ao compor as respostas e clicar em Enviar só quando você estiver preparado para se reconectar com o mundo. Dessa forma, nenhum e-mail novo poderá distraí-lo do ato de responder aos que já chegaram.

É claro que há gente, nós mesmos, por exemplo, que acha impossível manter a mesa limpa. Usamos as nossas caixas de entrada como uma lista de coisas a fazer. Ficamos atrasados na leitura da correspondência e, então, a atualizamos. Trabalhamos melhor, ou pelo menos achamos que trabalhamos melhor, com um mínimo de desordem. Acreditamos que reler e-mails já salvos nos recordará de coisas que talvez tivéssemos esquecido; e que é possível haver um benefício feliz e inesperado em tropeçar em trechos de correspondência eletrônica antiga. As nossas estratégias incluem usar sinalização com bandeirinhas para facilitar o acompanhamento dos e-mails; reclassificar de acordo com o que já foi lido ou o que permanece não lido, ou pelo que já foi respondido ou permanece não respondido. Atacamos a caixa de entrada quando temos energia para fazê-lo e a ignoramos quando não temos.

Sim, conforme dissemos, são duas as escolas de pensamento sobre gerenciamento de e-mails. Ambas muito diferentes uma da outra. E, no entanto, existem características em comum. Eis alguns truques e técnicas que podem ser usados quer você seja um adepto da caixa de entrada zerada ou da mesa bagunçada.

1. Adote uma nova perspectiva. Conforme já mencionamos, reclassifique a sua caixa de entrada por remetente e não por data de chegada. Simplesmente clique em cima da coluna "De". Dessa maneira, você pode responder a várias solicitações com um só e-mail e se livrar das redundâncias.
2. Dê um tempo nos bacn (se fala *bacon*). E o que vem a ser um bacn? Trata-se de um novo termo, cunhado em 2007, para algo parecido com um spam, só que mais saboroso. O bacn é o tipo de e-mail em massa que, na verdade, você pediu para receber: atualizações regulares de algum clube, time ou companhia de teatro, novos comentários em blogs, alertas de notícias e coisas do gênero. Se você começar a ver essas atualizações como um transtorno maior do que o prazer que geram e se der conta de que tendem a se acumular sem serem lidos, então simplesmente cancele a assinatura de todos aqueles que você não anseia mais por ler.
3. Dê a si mesmo algum espaço para respirar. Quando sair de férias use o seu Aviso de Ausência Temporária para que as pessoas saibam que você vai começar a responder aos e-mails *um dia depois* da sua volta ao escritório. Isso lhe dará algum tempo para se atualizar.
4. Finja que é um jogo. Observe a rapidez com que consegue passar pela sua caixa de entrada, apagando mensagens antigas e respondendo novas que podem ser administradas rapida-

mente. Não seja desleixado, apenas desafie-se a se concentrar. (Da mesma forma que o e-mail pode distraí-lo de outras coisas, outras coisas podem distraí-lo do e-mail!) Quando terminar, dê a si mesmo um belo prêmio.

5. Ataque a tarefa de pouquinho em pouquinho. Se você alguma vez já voltou de férias e encontrou 300 e-mails à sua espera, lembre-se de que eles não precisam ser respondidos todos de uma vez. Separe meia hora por dia para responder ou apagar 30 e-mails antigos. Em 10 dias você terá se atualizado. Dessa forma, também conseguirá se manter em dia com os e-mails que continuarem entrando.

## Como não deixar que o e-mail destrua o ânimo do escritório

Não existe um único grupo de regras que funcione para todas as empresas (ou departamentos ou famílias ou indivíduos). Mas isso não significa que devamos abrir mão de *todas* as regras. Nosso conselho, independentemente do tipo de grupo ou comunidade do qual você faça parte, é reunir as pessoas para decidir quais linhas gerais fazem mais sentido para a sua organização. Se essas regras forem criadas de comum acordo, a probabilidade de serem adotadas e seguidas será muito maior.

Até mesmo uma hora discutindo o que é importante e o que é irritante pode produzir grandes dividendos em termos de produtividade e ânimo. Lembre-se também de que você pode ajudar novos funcionários compartilhando essas regras no instante em que ganharem um endereço eletrônico da empresa.

## Regras dos e-mails

Eis um exemplo, e apenas um exemplo, de linhas gerais que um departamento de uma grande empresa criou para servir de guia de conduta para e-mails:

- Não envie e-mails de agradecimento para tarefas de rotina.
- Jamais utilize o Responder a Todos a não ser que seja essencial que todos leiam a sua resposta.
- Pegue o telefone ou vá até a mesa da pessoa para uma conversa cara a cara sempre que uma troca de e-mails se tornar longa, complicada ou emotiva demais.
- Reduza o uso de e-mails fora do horário comercial padrão (das 8 horas às 18 horas, de segunda a sexta).
- Marque reuniões com vários participantes por meio de um aplicativo de agendamento de reuniões, não via e-mail.
- Não envie nem encaminhe, sem a permissão prévia do destinatário, anexos maiores do que 1 MB.
- Atualize o campo Assunto.
- Quando houver vários destinatários no campo "De", especifique quem você espera que execute a tarefa ou responda, em especial se estiver fazendo vários pedidos.
- Não responda quando você estiver listado entre as Ccs, a não ser que seja muito necessário; apenas os listados em "Para" devem responder.
- Evite fofocas e piadas.

## Como evitar que o seu palmtop leve todo mundo à loucura

O e-mail nasceu na era do mainframe, mas amadureceu na idade do desktop. Nas primeiras décadas de vida desse novo meio de comunicação, as pessoas costumavam chegar ao local de trabalho, ligar o computador, enviar e-mails constante ou esporadicamente durante o expediente e ir para casa. Uma vez em casa, talvez ligassem o computador durante algumas horas para, então, irem dormir. Mas não enviavam, nem podiam enviar, e-mails de restaurantes, de passeios com a família, de um veículo em movimento ou de qualquer outro lugar.

Hoje, o e-mail existe no mundo dos palmtops – 24 horas por dia, 7 dias por semana no ar – e parece que é assim que as coisas vão permanecer para sempre. Portanto, quando e onde você escreve e-mails está se tornando tão importante quanto o que você escreve. Da mesma forma que é possível destruir um relacionamento com um e-mail impensado, você também pode fazê-lo com um surto de troca de e-mails durante uma reunião.

A seguir, algumas regras para ajudá-lo a decidir quando usar o palmtop.

### A regra das palavras cruzadas

Para a maioria de nós, o e-mail exige praticamente tanta atenção quanto fazer palavras cruzadas: temos que pensar um pouco, precisamos de alguma coordenação motora e de certo desvelo. Quando fazemos palavras cruzadas, é impossível parar constantemente para olhar no olho dos outros seres pensantes à nossa volta. Uma forma de pensar sobre quando você pode ou não enviar e-mails ou mensagens de texto de um aparelho portátil é se imaginar com uma página de palavras cruzadas novinha nas mãos em vez de um palmtop.

Você faria palavras cruzadas num enterro? Num casamento? Enquanto dirige? Num show? Logo depois que um amigo diz que precisa lhe contar uma coisa importante, mas antes de ter a chance de dizer do que se trata? No meio de uma reunião? Se você não sacaria uma página de palavras cruzadas nessas situações, tampouco deveria trocar e-mails.

Então, quando trocar e-mails (ou fazer palavras cruzadas)? Quando você estiver sozinho (a não ser que esteja dirigindo) ou num grupo de pessoas que estiverem se ignorando mutuamente (por exemplo, nos intervalos antes de uma reunião começar).

## A exceção do bocejo

Existe alguma coisa no bocejo de uma pessoa que faz todo mundo à sua volta bocejar. E existe alguma coisa sobre uma pessoa checar o palmtop que faz todas as outras ao seu redor quererem fazer o mesmo. Muitas vezes, não há nada de mau nisso, a não ser que você queira tentar evitar o surto – se você se recusar a verificar o palmtop, talvez o seu exemplo sirva de inspiração para os outros e eles não verifiquem os deles. O viciado solitário cairá no ostracismo, será humilhado e, por fim, derrotado. A reunião transcorrerá com velocidade e eficiência sem precedentes.

## A pausa para o banheiro

Se você tem de checar os seus e-mails, pode pedir licença e ir ao banheiro. Uma vez lá, pode usar o e-mail livremente, embora não vá querer ficar longe mais do que alguns minutos – as pessoas podem ficar preocupadas.

## Bipes, toques e músicas de enlouquecer

Cale-os. Eles levam as pessoas à loucura. Se quiser ser alertado toda vez que uma mensagem chegar, coloque o palmtop para vibrar. Você também pode programar o seu aparelho de maneira que só os e-mails que entram em uma determinada conta ou que sejam de determinadas pessoas emitam sons.

E você certamente não deve configurar o seu palmtop para fazer bipes, zumbir, piscar nem vibrar quando estiver num teatro ou sendo entrevistado para um emprego. Mesmo quando vibra, um telefone ou palmtop pode distrair quem está à sua volta e causar interferência em equipamentos sem fio ou aparelhos de som.

## Várias tarefas, mesmo objetivo

Se um e-mail for mencionado durante uma conversa com alguém que se encontra fisicamente presente e você deseja se referir à mensagem, ou ler trechos dela, ou encaminhá-la, é claro que não há nada de mais em acessá-la no seu palmtop. Mas assegure-se de que a outra pessoa saiba o que você está fazendo para não achar que você está sendo grosseiro. E quando estiver mostrando a ela o e-mail importante, resista à tentação de ler todos os outros que nada têm a ver com o assunto mas que acabam de se acumular na sua caixa de entrada. Se você vir alguma coisa que exija a sua atenção, recorra à "pausa para o banheiro", conforme descrito anteriormente.

## Permissão expressa

Se você tem um emprego que lhe exige estar em contato constante por e-mail ou se está trabalhando num projeto que exige atenção 24 horas, tem duas escolhas. Pode evitar os amigos e a família e se transformar num ermitão do palmtop, ou pode explicar a sua situação e lhes perguntar se eles se importam que você verifique os seus e-mails de vez em quando.

Um amigo nosso tem um emprego que gira em torno dos seus clientes. Ele é muito bem pago por isso, de maneira que ninguém sente pena dele. Só que com freqüência ele precisa estar imediatamente disponível para essas pessoas que o pagam tão bem. Se você o convidar para jantar em uma das noites em que está de plantão, ele lhe dirá com toda a franqueza que talvez não consiga evitar verificar os e-mails. "Eu adoraria", ele dirá, "mas temo que me achem mal-educado porque vou precisar olhar o meu palmtop o tempo todo." Como fazemos questão da companhia dele mesmo tendo de dividir a sua atenção, isso nunca é problema. O fato de ele pedir permissão de antemão e de se dispor a abrir mão do convite muda tudo.

## Respire fundo

Quanto mais rápido respondemos aos nossos e-mails, mais acostumamos os nossos correspondentes a esperar respostas rápidas. A abordagem que o Dr. Richard Ferber defendia para ensinar bebês a adormecerem sozinhos (deixá-los chorando sozinhos um pouco mais a cada noite) também funciona para o e-mail. Tente responder a seus e-mails um pouco mais lentamente a cada dia; as pessoas podem começar a lhe escrever com menos freqüência e a aprender a ser mais tolerantes quando você demorar um pouco mais para lhes dar retorno.

## Uma nota final: escondendo-se à luz do dia

Uma última nota, que tem a ver com dar uma única olhadinha. Algumas pessoas tentam se safar colocando o palmtop em modo silencioso em cima da mesa de jantar, virado para cima, de maneira a poder olhar para a tela de vez em quando. Na verdade, deixar o palmtop sobre a mesa já se tornou praxe. Num restaurante muito chique de Pequim, os garçons cobrem os palmtops que repousam sobre as mesas com tampas plásticas feitas sob medida para protegê-los de respingos de gordura ou molho de soja.

E, no entanto, há algo sobre deixar o seu palmtop exposto que o torna ainda mais intrusivo. E se você começasse uma refeição tirando o relógio do pulso e colocando-o sobre a mesa de maneira que pudesse olhá-lo a cada dois minutos para ver a hora? Isso demonstraria pouco envolvimento com os outros presentes. Pois o mesmo ocorre com aquele palmtop exposto. Além disso, guardar o palmtop antes de começar uma refeição reduz as chances de você esquecê-lo no restaurante.

A boa notícia é que embora o palmtop possa ofender ao evidenciar a sua falta de envolvimento, também lhe proporciona a chance de impressionar, mostrando que você tem toda a intenção de estar completamente envolvido. Neste mundo moderno, poucas coisas transmitem "Você é importante para mim" como a demonstração de desligar e guardar o palmtop no início de uma reunião. Ações dizem mais do que palavras. Mas, caso ninguém note, você pode acrescentar: "Vou desligar este negócio porque não quero que sejamos interrompidos."

## Como evitar que seus e-mails enlouqueçam todo mundo

Muitos de nós mandamos e-mails que parecem uma boa idéia no momento do envio, mas que mexem com a estrutura dos nossos relacionamentos e podem criar danos irreparáveis. E muitos de nós enviamos e-mails que são simplesmente desatenciosos, e-mails que tornam o mundo um lugar um pouco menos agradável.

Criamos uma lista de ocasiões nas quais você não deve enviar e-mails. Não é preciso segui-la religiosamente; o ideal seria criar a sua própria lista e segui-la.

### Não escreva e-mails quando estiver certo

O e-mail é a mídia perfeita para se dizer "Eu avisei, não avisei?". Mas, a não ser que seja realmente fundamental dizer isso a alguém, resista.

### Não escreva e-mails quando estiver errado

Se você estiver admitindo uma pequena transgressão social, não há nada de mais em usar o e-mail para fazê-lo. Mas, se você estiver admitindo culpa num imenso fracasso corporativo, talvez queira verificar com os seus superiores e com o departamento jurídico para se assegurar de que tem o apoio de todos. Isso nada tem a ver com ser dissimulado, e sim com ter certeza de que você está se posicionando de maneira apropriada em nome de sua empresa e não só em seu próprio nome.

### Não escreva e-mails quando estiver com raiva

Por favor, não o faça.

### Não escreva e-mails para pedir informações que você deveria ter ou guardar

Por que nos achamos no direito de tratar as pessoas como caderninhos de endereços? O e-mail parece estimular esse comportamento. Quantas vezes enviamos e-mails para amigos ou conhecidos pedindo telefones e endereços que já lhes pedimos antes?

## Não escreva e-mails quando quiser ganhar tempo

Temos um amigo que espera até algumas horas antes de um prazo para enviar um e-mail fazendo uma última pergunta sobre o projeto, eliminando, assim, a necessidade de ele completar a tarefa até o e-mail ser respondido.
Ele só engana a si mesmo.

## Não escreva e-mails quando estiver bêbado

É muito perigoso. Com algumas cervejinhas nas idéias, você pode começar a achar ótimo enviar um e-mail para o seu chefe dizendo o que realmente pensa do plano de reestruturação.

Não é.

## Não escreva e-mails de madrugada

Você pode compor quantos e-mails quiser às 4 horas da manhã. Mas não os envie. Isso pode parecer uma bobagem, mas não é. Vale a pena repetir. Parte do motivo pelo qual estamos nos transformando em servos, no ar 24 horas por dia, 7 dias por semana, é que nos bombardeamos, uns aos outros, 24 horas por dia, 7 dias por semana.

Parar de enviar e-mails na calada da noite é especialmente importante se você for o chefe. Dê um descanso à sua equipe. Você pode não se dar conta, mas os seus funcionários podem estar acordando para ler as suas missivas madrugadoras e, como resultado, perdendo o sono. Um e-mail não deixa o destinatário acordado apenas durante os segundos que leva para lê-lo; se transmite informações problemáticas ou desagradáveis, ou se for autoritário ou áspero, pode manter alguém acordado e preocupado durante horas.

Todos nós sabemos que não devemos verificar e-mails o tempo todo, dia e noite. E, no entanto, muitos fazem isso. Precisamos pensar em nós mesmos como pessoas que estão de dieta. Sabemos que não devemos fazer lanchinhos no meio da noite. Ajuda muito se não estocarmos a cozinha de batatas fritas, sorvete e doces. Mas também ajuda se os nossos amigos não trouxerem esse tipo de coisa quando vierem nos visitar. Assim, se as pessoas pararem de enviar e-mails o tempo todo, a qualquer hora do dia, você não vai ter o que ler se abrir o e-mail de madrugada. Dê o exemplo. As regras devem valer para todos nós.

Uma complicação, é claro, são os fusos horários. As nossas 9 horas podem ser as 19 horas de outra pessoa. E nem sempre a gente sabe onde o outro se encontra. Nem sempre a gente vai conseguir acertar, mas podemos tentar. Trata-se de uma dessas coisinhas simples que podem fazer enorme diferença nas nossas vidas.

## Não escreva e-mails quando quiser fofocar

Existe uma citação maravilhosa na peça de George Bernard Shaw, *Cândida*: "Se você disser que fui eu quem disse, eu negarei." Isso não é possível em e-mails. A não ser que você queira fingir que um hacker invadiu o seu computador ou que largou o seu iPhone sem supervisão em algum lugar público e alguém enviou a mensagem de brincadeira.

## Não escreva e-mails quando vir que os Re:Re:Re: estão se acumulando

Por que isso acontece? Um dos motivos é que as pessoas perdem o sincronismo umas com as outras e respondem uma parte da mensagem quando o fio da meada já é outro.

Qualquer que seja a causa dessas infindáveis discussões, elas são terrivelmente improdutivas.

## Não escreva e-mails quando a troca já tiver chegado ao fim

Como saber se a troca chegou ao fim? Conforme mencionamos antes, respostas de uma só palavra – "Feito", "Ótimo", "Perfeito", "Excelente", "Obrigado", "O.k." – são um bom indicativo. Todas elas querem dizer: "Câmbio, desligo."

Há também situações em que não existe a menor possibilidade de um mal-entendido acontecer. Você envia uma mensagem que diz: "Então, a gente se encontra no balcão de informações que tem aquele relógio enorme, bem no meio da estação central, às 16 horas de terça-feira, 12 de maio. Eu tenho o seu celular. O meu número está logo abaixo para o caso de qualquer problema." Você recebe um e-mail de volta dizendo. "Ótimo. Estamos combinados. Nos vemos lá." Se o plano está completamente claro e as duas partes já o confirmaram, isso significa que de fato está tudo combinado. Resista à tentação de enviar outro e-mail.

## Não escreva e-mails quando você estiver entediado

Nós as vemos por todos os lados: pessoas enviando e-mails dos palmtops no cinema antes de o filme começar; enviando e-mails das salas de espera dos aeroportos, dos parques; no intervalo do jogo de futebol. Muitas vezes essas pessoas estão se mantendo a par de assuntos importantes e fazendo bom uso de um tempo ocioso. É mais freqüente, no entanto, estarem simplesmente entediadas e disparando mensagens para preencher o tempo. Mas o problema de escrever e-mails quando se está enfadado é enviar aqueles que não precisava enviar. E, depois, receber e-mails igualmente desnecessários como resposta. Sendo que esses podem chegar quando não se está mais com tempo livre, e sim quando se está soterrado por e-mails. Assim, torna-se um círculo vicioso.

A solução mais simples? Carregue um livro. Dessa maneira, você ficará menos propenso a usar o palmtop como se fosse um Game Boy.

E se você estiver tendo o seu minuto de ócio junto a outro ser humano, bater papo deve ser sempre a primeira opção.

## Não escreva e-mails quando você deveria estar se concentrando ou prestando atenção em alguém ou em alguma outra coisa

Até mesmo gente escrupulosa com relação à etiqueta dos palmtops algumas vezes se esquece de que as mesmas regras se aplicam quando um colega ou uma visita entra na sua sala. Veja, por exemplo, o caso de Will.

Por conta da disposição dos móveis no escritório de Will, o monitor do computador dele ficava de frente para a porta. Dessa forma, quando recebia e enviava e-mails ficava de costas para a porta. Às vezes, os colegas entravam e falavam com Will enquanto ele usava o e-mail. Nada o impedia de dizer: "Agora não é o momento ideal; a gente pode se falar daqui a 15 minutos?" Também havia a possibilidade de deixar os e-mails de lado e se virar para conversar. Mas, não. Com muita freqüência, ia usando o e-mail e batendo papo ao mesmo tempo, de maneira que os colegas acabavam conversando com as suas costas. Não, ele não se orgulha nem um pouco disso.

## Mas isso tudo realmente importa?

O e-mail não existe num vácuo. É claro que o e-mail é enviado por uma alma solitária, mas não adquire vida até ser recebido por uma segunda pessoa. Sem um destinatário e um remetente, não existe e-mail. Ele precisa de pessoas. E é aí que as coisas se tornam, ao mesmo tempo, maravilhosas e complicadas.

Em qualquer ocasião em que se tem uma interação entre pessoas, existem oportunidades e perigos. Toda comunicação, até mesmo a mais trivial, tem o poder de fazer uma de três coisas: manter o *status quo*, unir mais as pessoas ou separá-las ainda mais.

Se todo mundo deixasse de enviar e-mails que não precisam ser enviados, até que ponto os nossos dias ficariam menos maçantes? Quantos relacionamentos seriam preservados e fortalecidos em vez de destruídos? Não seria muito mais fácil encontrar e se concentrar em e-mails importantes, ou em outras questões prementes? E-mails menos freqüentes não poderiam se tornar bem mais eficazes? Quanto tempo teríamos a mais para fazer o que gostamos com aqueles que amamos?

Vale a pena descobrir.

:: CAPÍTULO 8 ::

# Quatro questões fundamentais

>> Neste capítulo você deve responder a quatro perguntas fáceis para decidir se deve ou não clicar em Enviar.

Trabalhando em editoras e num jornal, aprendemos o seguinte: *Não é erro se não tiver sido impresso.* O mesmo se aplica ao e-mail. Nada de ruim pode acontecer se você não tiver clicado em Enviar. O que você escreveu pode ter erros de digitação, conteúdo, comentários difamatórios, mentiras cabeludas... Não importa! Se você não enviou, ainda tem tempo de corrigir. Ninguém jamais saberá. Isso é muito mais fácil de dizer do que de fazer, é claro. Enviar é o comando mais sedutor do programa de e-mail. Mas, antes de sucumbir, releia o documento uma última vez. E enquanto relê, mantenha as seguintes características em mente: simplicidade, eficácia, necessidade e realização.

Se não for *simples*, vai gerar confusão e desperdiçar recursos. Sempre vale a pena passar uma correspondência em revista para ver se algo pode ser dito de maneira mais clara. Como saber se está simples o bastante? Bem, comece a remover palavras e frases até a coisa estar compacta e enxuta ao máximo sem perder o sentido. São as palavras que passarem por esse último crivo que determinarão se a sua mensagem será ou não eficaz.

Se ela não parecer *eficaz*, faça o possível para que se torne. A maioria das comunicações precisa atingir o seu objetivo logo da primeira vez. Pode ser que você não tenha uma segunda chance de se comunicar com a pessoa que está tentando contatar. Para saber se os seus e-mails são eficazes, fique atento aos erros cometidos no passado. Veja se você pode aprender alguma coisa com isso. Seria interessante conversar com a pessoa para quem você fez o pedido ou enviou a mensagem que não foi eficaz; de maneira a corrigir o erro da próxima vez.

Se o seu e-mail não for *necessário*, ele deve ser apagado. Todos nós passamos tempo demais pedindo uns aos outros coisas que são essencialmente frívolas, e o custo disso para os negócios e para as nossas vidas, de um modo geral, é assombroso. Se você não precisa realmente saber sobre um assunto, não pergunte. Quanto mais alta a sua posição numa organização, mais importante é prestar atenção a esse princípio. O que aconteceria se você não enviasse o e-mail que acaba de compor? Se a resposta for "pouca coisa", então provavelmente é melhor jogá-lo fora. Mas não se esqueça: e-mails cujo único intuito é reforçar a sua ligação com outra pessoa também são necessários.

Finalmente, se o seu e-mail requer ação e você se importa se vão ou não *realizá-la*, você deve, antes de clicar em Enviar, se perguntar como acompanhará os próximos passos. O simples fato de você pedir algo não quer dizer que ele vá acontecer. Também é importante resistir a uma das maiores tentações do e-mail: passar a bola. Aquilo que você está pedindo que outra pessoa faça deveria ser feito por você? Vale a pena lembrar que todo mundo respeita quem assume as tarefas mais difíceis, quem compartilha o crédito com os outros e quem executa as tarefas. Era assim que as coisas funcionavam antes mesmo da Revolução da Informação e é assim que continuarão a ser, independentemente das novas tecnologias ou da sua posição na empresa. A pergunta final, na verdade, é esta: "Estou fazendo as coisas caminharem ou estou apenas tirando-as de cima da minha mesa?"

# Considerações finais

>> Num belo dia de inverno, David ligou o computador do escritório e encontrou isto. (Os nomes foram alterados, mas todo o resto permanece exatamente como foi recebido.)

> David,
> Preciso saber o que aconteceu com o artigo do Rob. Por que não foi publicado? Estava tudo acertado, você me disse que seria publicado no dia seguinte. Isso é muito estranho. Você pede um artigo para o Rob, diz que gostou, que vai publicá-lo e, depois, nada acontece.
> Saudações cordiais,
> Diretor de comunicações e porta-voz do Rob

Para piorar as coisas, David não conseguia se lembrar de nada a respeito do artigo em questão. Depois de digerir completamente o e-mail, passou quase uma hora fazendo buscas entre os arquivos de artigos e perguntando aos colegas se havia, de fato, aceitado algum artigo escrito por Rob e estava sofrendo de amnésia.

Uma vez que nada surgiu como resultado das buscas, David viu que precisava enfrentar o problema e enviou um e-mail para o diretor de comunicações de Rob. Desculpou-se por alguma possível confusão, mas disse que não tinha registro algum do artigo. Perguntou se Rob teria a gentileza de recordá-lo das conversas que haviam tido e de lhe reenviar o texto, além de qualquer correspondência prévia.

Pouco tempo depois, David recebeu uma resposta sucinta do diretor de comunicações. O motivo pelo qual David não fora capaz de encontrar o artigo era que o mesmo havia sido submetido à seção de opinião de *outro* jornal.

Em outras palavras, o diretor de comunicações de Rob estivera completamente enganado o tempo todo.

David, por sua vez, se deparou com a oportunidade de escrever um e-mail arrasador. Pense só nas possibilidades. Foi para situações como essa que inventaram o e-mail, não é mesmo? Há provas para confirmar a razão do indivíduo, tempo suficiente para compor aquela resposta mordaz perfeita, a chance de enviar Ccs para diversas pessoas e, quem sabe, até mesmo algumas Ccos.

Então, o que fez David? Dessa vez, o lado mais angelical de sua natureza se fez presente e ele enviou um e-mail dizendo "Não se preocupe" para o diretor de comunicações de Rob.

Todos nós já tivemos oportunidades de esfregar na cara de alguém um erro cometido via e-mail. Mas também já estivemos na posição do diretor de comunicações de Rob. Todos nós já enviamos e-mails nos quais estávamos completamente errados, ou nos quais estávamos certos e enviamos a mensagem para a pessoa errada.

Dito isso, fazemos um pedido a todo mundo que está tentando encontrar o seu caminho por este novo mundo eletrônico: por que não darmos um desconto uns aos outros? E-mails são fluidos demais e estão evoluindo muito rapidamente para haver tanta recriminação.

Também não é preciso dar um desconto *tão* grande assim, em especial no que diz respeito ao próprio comportamento. Está dentro do nosso alcance – como a parte que envia e que responde – prestar mais atenção e ter mais consciência daquilo que estamos fazendo a cada vez que enviamos um e-mail. Quando somos mais atenciosos e cuidadosos com as mensagens, é impressionante o efeito que isso tem em nossas vidas: menos gente se zanga conosco, conseguimos realizar mais coisas e podemos até mesmo começar a ansiar por abrir a maioria dos e-mails que recebemos.

Se há duas coisas deste livrinho que os autores sinceramente esperam que você guarde, são estas:

Pense antes de enviar
e
Envie e-mails que você gostaria de receber.

## INFORMAÇÕES SOBRE OS PRÓXIMOS LANÇAMENTOS

Para receber informações sobre os lançamentos da EDITORA SEXTANTE, basta cadastrar-se diretamente no site www.sextante.com.br

Para saber mais sobre nossos títulos e autores, e enviar seus comentários sobre este livro, visite o nosso site www.sextante.com.br ou mande um e-mail para atendimento@esextante.com.br


EDITORA SEXTANTE

Rua Voluntários da Pátria, 45 / 1.404 – Botafogo
Rio de Janeiro – RJ – 22270-000 – Brasil
Telefone (21) 2286-9944 – Fax (21) 2286-9244
E-mail: atendimento@esextante.com.br